PLEGARIA
EL ARTE DE CREER

Colección Deluxe

Por
Neville Goddard
Imaginatio Divina Media

Publicado en 2024 por Imaginatio Divina Media.

Sitio web: www.imaginatiodivinamedia.com

PLEGARIA.

ISBN: 979-8-3305-1911-8

Contenido

RESUMEN
DE *PLEGARIA*:

Plegaria: El Arte De Creer, de Neville Goddard, explora el poder transformador de la imaginación para moldear la realidad a través de la oración. Goddard explica que la oración es más eficaz cuando se fundamenta en la creencia de que lo que se desea ya se ha conseguido. Esta práctica requiere una imaginación y una fe controladas, en las que el individuo asume la sensación de que sus deseos se cumplen.

Las Ideas Clave Incluyen:

1. Ley de la Reversibilidad: El proceso de manifestar los deseos sintiéndolos como ya cumplidos, alineándose con la noción de que los estados mentales pueden conducir a la realidad física.

2. Naturaleza dual de la conciencia: Goddard enfatiza el poder del subconsciente, donde las suposiciones y creencias dan forma a la realidad objetiva, eludiendo las restricciones lógicas de la mente consciente.

3. Imaginación y fe: La imaginación inicia la creación, mientras que la fe en el resultado imaginado la solidifica. Esto alinea los pensamientos con las circunstancias deseadas, fomentando resultados que se manifiestan en el mundo físico.

4. Ensueño controlado y transmisión de pensamientos: Explica que la imaginación enfocada puede transmitir pensamientos a otros, afectando sus acciones subconscientemente, permitiendo la influencia sin comunicación directa.

5. La oración más grande: Goddard concluye que encarnar una mentalidad divina, como asumir la identidad de "Cristo", permite a los individuos vivir alineados con su potencial más elevado, transformando sus mundos interior y exterior mediante suposiciones conscientes.

Estos principios constituyen la base de las enseñanzas de Goddard sobre la consecución de los propios objetivos mediante la dirección intencionada de pensamientos, creencias y sentimientos.

CONTEXTO MODERNO
DE PLEGARIA:

En el contexto de las prácticas modernas, los principios de Neville Goddard resuenan estrechamente con los conceptos contemporáneos de la neurociencia, el pensamiento positivo, la atención plena y la ley de la atracción, que proporcionan marcos científicos y psicológicos para apoyar sus enseñanzas.

1. Neurociencia y pensamiento positivo: Los estudios en neurociencia revelan que el pensamiento positivo puede recablear las vías neuronales, un fenómeno conocido como neuroplasticidad. El principio de Goddard de asumir la sensación de un deseo cumplido se alinea con esto, ya que visualizar repetidamente los resultados deseados fortalece las asociaciones mentales, haciendo que esos resultados se sientan más alcanzables y reales.

2. Atención plena: La idea de Goddard de una "ensoñación controlada" para centrarse en un estado deseado es similar a las prácticas de atención plena que hacen hincapié en la conciencia del presente y la concentración. Al dirigir conscientemente los pensamientos y las emociones, los practicantes pueden fomentar un estado mental alineado con sus objetivos, un concepto que es paralelo al énfasis de la atención plena en el cultivo de la conciencia intencional.

3. Ley de la atracción: Popularizada en los últimos años, la ley de la atracción comparte una idea fundamental con las enseñanzas de Goddard: la creencia y la emoción pueden atraer las experiencias correspondientes. El método de Goddard de imaginar vívidamente una realidad deseada como ya realizada refleja las técnicas de visualización propugnadas por la ley de la atracción, proporcionando una base para llevar las intenciones a la realidad.

Estas conexiones contemporáneas ofrecen a los lectores un puente entre las ideas intemporales de Goddard y las prácticas científicas y espirituales actuales, haciendo que su enfoque sea relevante para aquellos que buscan fundamentos prácticos y respaldados por pruebas para el crecimiento personal y la manifestación.

PLEGARIA

Por Neville Goddard
(1945)

CAPÍTULO UNO
LEY DE REVERSIBILIDAD

"Reza por mi alma, se hacen más cosas con la oración de las que este mundo sueña" -Tennyson

REZAR es un arte y requiere práctica. El primer requisito es una imaginación controlada. El desfile y las vanas repeticiones son ajenos a la oración. Su ejercicio requiere tranquilidad y paz mental. "No uses vanas repeticiones", pues la oración se hace en secreto y "tu Padre que ve en lo secreto te recompensará en público."

Las ceremonias que habitualmente se emplean en la oración son meras supersticiones y se han inventado para dar a la oración un aire de solemnidad. Los que practican el arte de la oración ignoran a menudo las leyes que la rigen. Atribuyen los resultados obtenidos a las ceremonias y confunden la letra con el espíritu.

La esencia de la oración es la fe; pero la fe debe estar impregnada de comprensión para que se le dé esa cualidad activa que no posee cuando está sola.

"Por tanto, adquiere sabiduría; y con todo lo que adquieras, adquiere entendimiento".
Este libro es un intento de reducir lo desconocido a lo conocido, señalando las condiciones en las que las

oraciones son respondidas, y sin las cuales no pueden ser respondidas.

Define las condiciones que rigen la oración en leyes que no son más que una generalización de nuestras observaciones la ley universal de la reversibilidad es el fundamento sobre el que se basan sus afirmaciones.

El movimiento mecánico causado por el habla se conocía desde mucho antes de que nadie soñara con la posibilidad de una transformación inversa, es decir, la reproducción del habla por el movimiento mecánico (el fonógrafo).

Durante mucho tiempo la electricidad se produjo por fricción sin que se pensara nunca que la fricción, a su vez, podía ser producida por la electricidad.

Consiga o no el hombre invertir la transformación de una fuerza, sabe, sin embargo, que todas las transformaciones de fuerza son reversibles. Si el calor puede producir movimiento mecánico, el movimiento mecánico puede producir calor. Si la electricidad produce magnetismo, también el magnetismo puede desarrollar corrientes eléctricas. Si la voz puede provocar corrientes ondulatorias, también tales corrientes pueden reproducir la voz, y así sucesivamente. Causa y efecto, energía y materia, acción y reacción son lo mismo e interconvertibles.

Esta ley es de la mayor importancia, porque te permite prever la transformación inversa una vez verificada la transformación directa.

Si supieras cómo te sentirías si realizaras tu objetivo, entonces, inversamente, sabrías qué estado podrías realizar si despertaras en ti tal sentimiento.

El mandato de rezar creyendo que ya posees aquello por lo que rezas, se basa en el conocimiento de la ley de la transformación inversa.

Si tu oración realizada produce en ti un sentimiento o estado de conciencia definido, entonces, inversamente, ese sentimiento o estado de conciencia particular debe producir tu oración realizada.

Puesto que todas las transformaciones de fuerza son reversibles, debes asumir siempre el sentimiento de tu deseo realizado.

Debes despertar en ti el sentimiento de que eres y tienes aquello que hasta entonces deseabas ser y poseer. Esto se hace fácilmente contemplando la alegría que sería tuya si tu objetivo fuera un hecho cumplido, de modo que vivas y te muevas y tengas tu ser en el sentimiento de que tu deseo se ha realizado.

El sentimiento del deseo realizado, si se asume y se mantiene, debe objetivar el estado que lo habría creado.

Esta ley explica por qué "La fe es la sustancia de las cosas que se esperan, la evidencia de las cosas que no se ven" y por qué "Él llama a las cosas que no se ven como si se vieran y las cosas que no se veían se vuelven vistas." Asume el sentimiento de tu deseo cumplido y continúa sintiendo que se cumple hasta que aquello que sientes se objetive.

Si un hecho físico puede producir un estado psicológico, un estado psicológico puede producir un hecho físico. Si el efecto (a) puede ser producido por la causa (b), entonces inversamente, el efecto (b) puede ser producido por la causa (a). Por eso os digo: "Cuantas cosas pidiereis orando, creed que las habéis recibido, y las tendréis" (Marcos 11:24).

PREGUNTAS Y RESPUESTAS DE REFLEXIÓN

1. ¿Qué quiere decir el autor con "imaginación controlada" y por qué es esencial para una oración eficaz?

- **Respuesta:** La imaginación controlada se refiere a la capacidad de enfocar los pensamientos y sentimientos hacia un objetivo o deseo específico sin distracciones. Es esencial para una oración eficaz porque permite a las personas alinear su conciencia con sus intenciones, creando un canal claro y poderoso para que sus deseos se manifiesten.

-

2. ¿Cómo se relaciona la ley de reversibilidad con la práctica de la oración?

- **Respuesta:** La ley de reversibilidad sugiere que si un determinado estado de ser o sentimiento puede conducir a un resultado particular, entonces ese resultado también puede producir el mismo estado de ser o sentimiento a cambio. En la oración, esto significa que al encarnar el sentimiento de haber recibido ya lo que uno desea, un individuo puede invocar la realización de ese deseo en su vida.

-

3. ¿Por qué el autor enfatiza la importancia de la comprensión junto con la fe en la oración?

- **Respuesta:** El autor enfatiza que la comprensión fortalece la fe al brindar un marco que transforma la creencia ciega en oración activa e intencional. Sin comprensión, la fe puede carecer de dirección y poder, mientras que con comprensión, se convierte en una herramienta útil para manifestar los propios deseos.

-

4. ¿De qué maneras se puede observar la transformación de estados psicológicos en realidades físicas en la vida cotidiana?

- **Respuesta:** Esta transformación se puede observar de diversas maneras, como cuando el pensamiento positivo conduce a una mejor salud mental, lo que a su vez puede favorecer una mejor salud física. También puede manifestarse en el establecimiento de objetivos, donde visualizar el éxito puede motivar acciones que conduzcan a logros tangibles.

-

5. ¿Cómo se puede asumir prácticamente el sentimiento de un deseo cumplido, como se sugiere en el capítulo?

- **Respuesta:** Se puede practicar imaginando vívidamente el resultado deseado, utilizando todos los sentidos para experimentarlo plenamente y recordando regularmente esa sensación. Técnicas como la visualización, las afirmaciones y la meditación pueden ayudar a reforzar esta sensación, convirtiéndola en un estado natural del ser.

-

6. ¿Qué papel juegan las emociones en el proceso de manifestación de deseos a través de la oración?

- **Respuesta:** Las emociones actúan como un poderoso catalizador en el proceso de manifestación. Crean una resonancia que alinea al individuo con sus deseos. Cuando uno siente alegría, gratitud o satisfacción por un deseo cumplido, aumenta la probabilidad de que ese deseo se haga realidad porque genera la energía necesaria para atraer y crear ese resultado.

-

7. ¿Cómo puede la comprensión de la interacción entre causa y efecto mejorar nuestro enfoque de la oración y la manifestación?

- **Respuesta:** Comprender esta interacción permite a las personas ver la conexión entre sus pensamientos, sentimientos y resultados. Les permite reconocer que al cambiar su estado interno (causa), pueden influir en su realidad externa (efecto). Este conocimiento fomenta la participación proactiva en la configuración de la propia vida a través de la oración intencional y la actitud mental.

CAPÍTULO DOS
DOBLE NATURALEZA DE LA CONCIENCIA

Un concepto claro de la naturaleza dual de la conciencia del hombre debe ser la base de toda oración verdadera. La conciencia incluye tanto una parte subconsciente como una parte consciente. La parte infinitamente mayor de la conciencia se encuentra por debajo de la esfera de la conciencia objetiva. El subconsciente es la parte más importante de la conciencia. Es la causa de la acción voluntaria. El subconsciente es lo que el hombre es. Lo consciente es lo que el hombre conoce. "Yo y mi Padre somos uno, pero mi Padre es mayor que yo". El consciente y el subconsciente son uno, pero el subconsciente es mayor que el consciente.

"Yo por mí mismo no puedo hacer nada, el Padre dentro de mí Él hace la obra". Yo, la conciencia objetiva, por mí mismo no puedo hacer nada; el Padre, el subconsciente, Él hace la obra. El subconsciente es aquello en lo que todo es conocido, en lo que todo es posible, a lo que todo va, de lo que todo viene, que pertenece a todos, a lo que todos tienen acceso.

Aquello de lo que somos conscientes se construye a partir de aquello de lo que no somos conscientes. No sólo nuestras suposiciones subconscientes influyen en nuestro comportamiento, sino que también configuran el patrón de nuestra existencia objetiva. Sólo ellos tienen el poder de decir: "Hagamos al hombre - manifestaciones objetivas- a nuestra imagen y semejanza".

Toda la creación está dormida en las profundidades del hombre y es despertada a la existencia objetiva por sus suposiciones subconscientes. Dentro de esa ceguera que llamamos sueño hay una conciencia en vigilia insomne, y mientras el cuerpo duerme este ser insomne libera del tesoro de la eternidad las suposiciones subconscientes del hombre.

La oración es la llave que abre el almacén infinito. "Probadme ahora en esto, dice el Señor de los ejércitos, si no os abriré las ventanas del cielo, y os derramaré una bendición, que no habrá lugar suficiente para recibirla". La oración modifica o cambia completamente nuestras suposiciones subconscientes, y un cambio de suposición es un cambio de expresión.

La mente consciente razona inductivamente a partir de la observación, la experiencia y la educación. Por lo tanto, le resulta difícil creer lo que los cinco sentidos y la razón inductiva niegan.

El subconsciente razona deductivamente y nunca se preocupa por la verdad o falsedad de la premisa, sino que procede sobre la suposición de la corrección de la premisa y objetiva los resultados que son coherentes con la premisa.

Esta distinción debe ser claramente percibida por todos los que quieran dominar el arte de orar. No se puede obtener una verdadera comprensión de la ciencia de la oración hasta que se comprendan las leyes que rigen la naturaleza dual de la conciencia y se comprenda la importancia del subconsciente.

La oración -el arte de creer lo que los sentidos niegan- trata casi por completo con el subconsciente.

A través de la oración, el subconsciente es sugestionado para que acepte el deseo cumplido y, razonando deductivamente, lo despliega lógicamente hasta su fin legítimo.

"Mucho mayor es el que está en vosotros que el que está en el mundo".

La mente subjetiva es la conciencia difusa que anima el mundo; es el espíritu que da vida. En toda sustancia hay una sola alma: la mente subjetiva.

A través de toda la creación corre esta única mente subjetiva ininterrumpida. El pensamiento y el sentimiento fundidos en creencias le imprimen modificaciones, le encargan una misión, que ejecuta fielmente.

La mente consciente origina premisas. La mente subjetiva las despliega hasta sus fines lógicos. Si la mente subjetiva no estuviera tan limitada en su poder de iniciativa para razonar, el hombre objetivo no podría ser considerado responsable de sus acciones en el mundo. El hombre transmite ideas al subconsciente a través de sus sentimientos. El subconsciente transmite ideas de mente a mente a través de la telepatía. Sus convicciones no expresadas de los demás se transmiten a ellos sin su conocimiento consciente o consentimiento, y si subconscientemente aceptado por ellos influirá en su comportamiento.

Las únicas ideas que rechazan subconscientemente son las ideas que usted tiene de ellos y que no podrían desear que fueran ciertas para nadie. Cualquier cosa que puedan desear para otros, puede ser creída por ellos, y por la ley de creencia que gobierna el razonamiento subjetivo, están obligados a aceptar subjetivamente, y por lo tanto expresar objetivamente, de acuerdo a ello. La mente subjetiva está completamente controlada por la sugestión. Las ideas se sugieren mejor cuando la mente objetiva es parcialmente subjetiva, es decir, cuando los sentidos objetivos están disminuidos o en suspenso. Este estado parcialmente subjetivo puede describirse mejor como una ensoñación controlada, en la que la mente es pasiva pero capaz de funcionar con absorción. Se trata de una concentración de la atención. No debe haber ningún conflicto en tu mente mientras rezas. Pasa de lo que es a lo que debería ser. Asume el estado de ánimo del deseo cumplido y, por la ley universal de la reversibilidad, realizarás tu deseo.

PREGUNTAS Y RESPUESTAS DE REFLEXIÓN

1. ¿Cuál es la importancia de comprender la naturaleza dual de la conciencia en el contexto de la oración?

- **Respuesta:** Comprender la naturaleza dual de la conciencia es crucial porque permite a las personas reconocer el poder del subconsciente para moldear su realidad. La oración opera principalmente a través del subconsciente y, al dominar esta dualidad, uno puede alterar eficazmente sus suposiciones subconscientes para manifestar sus deseos.

-

2. ¿Cómo influye el subconsciente en nuestro comportamiento y en los patrones de nuestra vida?

- **Respuesta:** El subconsciente influye en el comportamiento al albergar creencias y suposiciones profundamente arraigadas que guían nuestras acciones. Estos patrones subconscientes a menudo moldean nuestras experiencias y percepciones de la realidad, por lo que es esencial examinarlos y modificarlos a través de la oración y la intención para crear una vida más plena.

-

3. ¿De qué manera puede la oración modificar las suposiciones subconscientes, según el capítulo?

- **Respuesta:** La oración puede modificar las suposiciones subconscientes al permitir que las personas expresen y encarnen el sentimiento de que sus deseos ya se han cumplido. Este proceso ayuda a reprogramar el subconsciente, llevándolo a aceptar nuevas creencias que pueden manifestarse como cambios en la realidad objetiva.

-

4. ¿Cuál es la diferencia entre cómo la mente consciente y la mente subconsciente procesan la información?

- **Respuesta:** La mente consciente procesa la información de forma inductiva, basándose en la observación y la experiencia sensorial para llegar a conclusiones. Por el contrario, la mente subconsciente procesa la información de forma deductiva, aceptando las premisas como verdaderas sin cuestionar su validez y manifestando resultados basados en esas premisas.

-

5. ¿Cómo se pueden comunicar ideas eficazmente a la mente subconsciente a través de la oración?

- **Respuesta:** La comunicación eficaz con el subconsciente se puede lograr mediante la oración enfocada que encarne las emociones y sentimientos asociados con el resultado deseado. Las técnicas como la visualización, la meditación y las afirmaciones, especialmente en un estado relajado o similar al trance, ayudan a penetrar el subconsciente con sugerencias positivas.

-

6. ¿Qué papel juega la sugestión a la hora de influir en el comportamiento de los demás, según el texto?

- **Respuesta:** La sugestión desempeña un papel fundamental a la hora de influir en el comportamiento de los demás, ya que las convicciones y creencias no expresadas pueden transmitirse telepáticamente a los demás. Si estas sugestiones resuenan con lo que los demás desean que sea verdad, pueden aceptarlas inconscientemente y actuar en consecuencia, reflejando así esas creencias en su comportamiento.

-

7. ¿Por qué es importante mantener una mentalidad libre de conflictos al orar?

- **Respuesta:** Mantener una mentalidad libre de conflictos es importante porque el conflicto interno puede crear resistencia al resultado deseado. Cuando la mente está unificada y enfocada en lo que debería ser, permite una canalización más fluida de las intenciones hacia el subconsciente, lo cual es crucial para manifestar los deseos de manera efectiva.

-

8. ¿Cómo mejora el concepto de "ensoñación controlada" la eficacia de la oración?

- **Respuesta:** La ensoñación controlada mejora la eficacia de la oración al colocar la mente en un estado relajado pero concentrado. En este estado, los sentidos objetivos se reducen, lo que permite una absorción más profunda y una conexión con el subconsciente. Este estado elevado de concentración facilita la aceptación de nuevas creencias y deseos.

CAPÍTULO TRES
IMAGINACIÓN Y FE

Las ORACIONES no se realizan con éxito a menos que exista una compenetración entre la mente consciente y subconsciente del operador. Esto se consigue mediante la imaginación y la fe.

Por el poder de la imaginación todos los hombres, ciertamente los hombres imaginativos, están siempre lanzando encantamientos, y todos los hombres, especialmente los hombres no imaginativos, están continuamente pasando bajo su poder. ¿Podemos alguna vez estar seguros de que no fue nuestra madre, mientras nos zurcía los calcetines, quien inició ese sutil cambio en nuestras mentes? Si puedo hechizar involuntariamente a las personas, no hay razón para dudar de que soy capaz de hechizar intencionadamente a alguien con un hechizo mucho más fuerte.

Todo lo que puede ser visto, tocado, explicado, discutido, no es para el hombre imaginativo más que un medio, porque él funciona, en virtud de su imaginación controlada, en lo profundo de sí mismo, donde cada idea existe en sí misma y no en relación con otra cosa. En él no hay necesidad de las restricciones de la razón.

La única restricción que puede obedecer es el instinto misterioso que le enseña a eliminar todos los estados de ánimo que no sean el estado de ánimo del deseo cumplido.

La imaginación y la fe son las únicas facultades de la mente necesarias para crear condiciones objetivas. La fe requerida para la operación exitosa de la ley de la conciencia es una fe puramente subjetiva y es alcanzable al cesar la oposición activa por parte de la mente objetiva del operador. Depende de su capacidad para sentir y aceptar como verdadero lo que sus sentidos objetivos niegan. No es necesaria ni la pasividad del sujeto ni su acuerdo consciente con tu sugestión, pues sin su consentimiento o conocimiento se le puede dar una orden subjetiva que debe expresar objetivamente. Es una ley fundamental de la conciencia que por telepatía podamos tener comunión inmediata con otro.

Para establecer la comunicación, llama mentalmente al sujeto. Centra tu atención en él y grita mentalmente su nombre como lo harías para atraer la atención de cualquier persona. Imagina que responde y escucha mentalmente su voz. Represéntatelo interiormente en el estado que deseas que obtenga. Luego imagina que te dice en el tono de una conversación ordinaria lo que quieres oír. Respóndele mentalmente. Háblale de tu alegría al ser testigo de su buena fortuna. Habiendo oído mentalmente con toda la nitidez de la realidad lo que quería oír y habiéndose emocionado con la noticia oída, vuelva a la conciencia objetiva. Tu conversación subjetiva debe despertar lo que afirmó. "Decretarás una cosa y te será establecida". No es una voluntad fuerte la que envía a la palabra subjetiva en su misión tanto como lo es el pensamiento claro y el sentimiento de la verdad del estado afirmado. Cuando la creencia y la voluntad están en conflicto, la creencia invariablemente gana.

"No por la fuerza, ni por el poder, sino por mi espíritu, dice el Señor de los ejércitos". No es lo que quieres lo que atraes; atraes lo que crees que es verdad. Por lo tanto, entra en el espíritu de estas conversaciones mentales y dales el mismo grado de realidad que le darías a una conversación telefónica.

"Si puedes creer, todo es posible para el que cree.

Por tanto, os digo que cuantas cosas deseéis cuando oréis, creed que las habéis recibido, y las tendréis." La aceptación del fin quiere los medios. Y la reflexión más sabia no podría concebir medios más eficaces que los que son queridos por la aceptación del fin. Habla mentalmente con tus amigos como si tus deseos para ellos estuvieran ya realizados.

La imaginación es el principio del crecimiento de todas las formas, y la fe es la sustancia de la que se forman. Por la imaginación, lo que existe en latencia o está dormido en lo profundo de la conciencia se despierta y se le da forma. Las curaciones atribuidas a la influencia de ciertas medicinas, reliquias y lugares son efectos de la imaginación y la fe. El poder curativo no está en el espíritu que hay en ellos, sino en el espíritu con que se aceptan. "La letra mata, pero el espíritu da vida".

La mente subjetiva está completamente controlada por la sugestión, así que, sea verdadero o falso el objeto de tu fe, obtendrás los mismos resultados.

No hay nada insano en la teoría de la medicina ni en las pretensiones del sacerdocio por sus reliquias y lugares santos. La mente subjetiva del paciente acepta la sugestión de salud condicionada a tales estados, y tan pronto como se cumplen estas condiciones procede a realizar la salud. "Conforme a vuestra fe os sea hecho porque todo es posible para el que cree". La espera confiada de un estado es el medio más potente para conseguirlo. La espera confiada de una curación hace lo que ningún tratamiento médico puede lograr.

El fracaso se debe siempre a una autosugestión antagónica del paciente, derivada de la duda objetiva del poder de la medicina o de la reliquia, o de la duda de la verdad de la teoría. Muchos de nosotros, ya sea por falta de emoción o por exceso de intelecto, ambos obstáculos en el camino de la oración, no podemos creer lo que nuestros sentidos niegan. Forzarnos a creer acabará en mayores dudas. Para evitar tales contrasugestiones, el paciente debe ignorar, objetivamente, las sugestiones que se le hacen. El método más eficaz para curar o influir en el comportamiento de los demás consiste en lo que se conoce como "el tratamiento silencioso o ausente."

Cuando el sujeto no es consciente, objetivamente, de la sugestión que se le hace no hay posibilidad de que establezca una creencia antagónica. No es necesario que el paciente sepa, objetivamente, que se está haciendo algo por él. Por lo que se sabe de los procesos subjetivos y objetivos del razonamiento, es mejor que no sepa objetivamente lo que se está haciendo por él. Cuanto más completamente se mantenga la mente objetiva en la ignorancia de la sugerencia, mejor desempeñará sus funciones la mente subjetiva. El sujeto acepta subconscientemente la sugestión y piensa que él la origina, demostrando la verdad del dictum de Spinoza de que desconocemos las causas que determinan nuestras acciones.

La mente subconsciente es el conductor universal que el operador modifica con sus pensamientos y sentimientos.

Los estados visibles son, o bien los efectos vibratorios de las vibraciones subconscientes dentro de ti, o bien son causas vibratorias de las vibraciones correspondientes dentro de ti. Un hombre disciplinado nunca permite que sean causas a menos que despierten en él los estados de conciencia deseables.

Con el conocimiento de la ley de reversibilidad, el hombre disciplinado transforma su mundo imaginando y sintiendo sólo lo que es bello y de buena reputación. La bella idea que despierta en su interior no dejará de suscitar su afinidad en los demás. Sabe que el salvador del mundo no es un hombre, sino la manifestación que salvaría. El salvador del enfermo es la salud, el del hambriento es el alimento, el del sediento es el agua. Camina en compañía del salvador asumiendo el sentimiento de su deseo cumplido.

Por la ley de la reversibilidad, de que todas las transformaciones de la fuerza son reversibles, la energía o el sentimiento despertado se transforma en el estado imaginado.

Nunca espera cuatro meses para la cosecha. Si dentro de cuatro meses la cosecha despertará en él un estado de alegría, entonces, inversamente, la alegría de la cosecha ahora despertará la cosecha ahora.

"Ahora es el tiempo aceptable para dar belleza por las cenizas, alegría por el luto, alabanza por el espíritu de tristeza; para que sean llamados árboles de justicia, la plantación del Señor para que sea glorificado".

PREGUNTAS Y RESPUESTAS DE REFLEXIÓN

1. ¿Qué se entiende por "relación" entre la mente consciente y la subconsciente, y por qué es esencial para una oración eficaz?

- **Respuesta:** Rapport se refiere a la conexión y alineación armoniosa entre la mente consciente y la subconsciente. Es esencial para una oración eficaz porque permite que los deseos e intenciones expresados en la oración penetren en el subconsciente, donde pueden arraigarse y manifestarse en la realidad. Sin esta conexión, las oraciones pueden carecer del poder necesario para producir un cambio.

-

2. ¿Cómo influye el poder de la imaginación en el proceso de manifestación, según el capítulo?

- **Respuesta:** La imaginación actúa como catalizador para despertar el potencial latente en la conciencia. Al imaginar vívidamente que los deseos ya se han cumplido, las personas pueden generar la energía emocional y la creencia necesarias para manifestar esos deseos en la realidad. El capítulo sugiere que la imaginación es el punto de partida de toda creación, que da forma a los pensamientos y sentimientos.

-

3. ¿Por qué el autor enfatiza la importancia de sentir y aceptar como verdadero lo que los sentidos objetivos niegan?

- **Respuesta:** El autor enfatiza esto porque la creencia verdadera surge de la mente subjetiva, que opera independientemente de los sentidos objetivos. Cuando los individuos pueden sentir y aceptar sus deseos como verdaderos, incluso cuando las circunstancias externas sugieran lo contrario, se alinean con el poder creativo del subconsciente, lo que permite la manifestación de sus deseos.

-

4. ¿Cuál es el significado de la frase: "Determinarás una cosa, y te será establecida"?

- **Respuesta:** Esta frase resalta el poder de las intenciones y afirmaciones verbales. Sugiere que cuando las personas afirman con confianza sus deseos, pueden poner en marcha los procesos necesarios para que esos deseos se manifiesten. Subraya la creencia de que la intención y la creencia tienen el poder de dar forma a la realidad.

-

5. ¿Cómo funciona la sugestión en el contexto de la curación o de la influencia sobre otros?

- **Respuesta:** La sugestión actúa influyendo en la mente subconsciente de los demás, a menudo sin que sean conscientes de ello. Cuando las sugestiones se hacen sin el conocimiento del sujeto, es menos probable que encuentren resistencia o dudas. Este método permite que las creencias sugeridas se arraiguen y se manifiesten como cambios en la conducta o la salud.

-

6. ¿Qué papel juega la "expectativa confiada" en el proceso de curación o manifestación?

- **Respuesta:** La expectativa segura es la creencia de que se producirá un resultado deseado. Esta mentalidad es esencial porque alimenta la aceptación subconsciente del estado deseado. Cuando las personas esperan un determinado resultado con convicción, tienen más probabilidades de atraer y manifestar esa realidad, ya que su creencia se alinea con la energía necesaria para crearla.

-

7. ¿De qué manera el fracaso en la oración o la manifestación puede atribuirse a un conflicto interno o a la duda?

- **Respuesta:** El fracaso en la oración o la manifestación puede ocurrir cuando existe un conflicto interno entre la creencia y la duda. Si una persona alberga pensamientos o emociones conflictivas sobre sus deseos, como el escepticismo o el miedo, estas creencias opuestas pueden socavar la eficacia de sus oraciones, lo que lleva a la falta de los resultados deseados.

-

8. ¿Cómo mejora el concepto de "tratamiento silencioso o ausente" la eficacia de las sugestiones?

- **Respuesta:** El "tratamiento silencioso o ausente" mejora la eficacia al mantener al sujeto inconsciente de la sugestión que se le está haciendo. Esto evita que el sujeto forme creencias contrarias o dudas sobre el proceso, lo que permite que el subconsciente acepte la sugestión con mayor facilidad. Destaca el poder de la sutileza para influir en la conducta de los demás.

-

9. ¿Cómo se puede utilizar la ley de reversibilidad para transformar el estado actual del ser?

- Respuesta: Se puede utilizar la ley de reversibilidad encarnando los sentimientos y emociones asociados con el estado deseado antes de que se manifieste. Al centrarse en la alegría, la plenitud o la satisfacción que traería el resultado deseado, las personas pueden despertar esos sentimientos ahora, lo que a su vez puede atraer las circunstancias necesarias para lograr ese resultado.

CAPÍTULO CUATRO
ENSUEÑO CONTROLADO

TODOS somos susceptibles a las mismas leyes psicológicas que gobiernan al sujeto hipnótico ordinario.

Es susceptible de ser controlado por sugestión. En la hipnosis, los sentidos objetivos están parcial o totalmente suspendidos. Sin embargo, por muy profundamente que se bloqueen los sentidos objetivos en la hipnosis, las facultades subjetivas están alerta, y el sujeto reconoce todo lo que ocurre a su alrededor.

La actividad y el poder de la mente subjetiva son proporcionales al sueño de la mente objetiva. Sugerencias que parecen impotentes cuando se presentan directamente a la conciencia objetiva son altamente eficaces cuando el sujeto está en estado hipnótico.

El estado hipnótico es simplemente estar inconsciente, objetivamente.

En el hipnotismo, la mente consciente se pone a dormir y los poderes subconscientes están expuestos como para ser alcanzado directamente por la sugestión. Es fácil ver a partir de esto, siempre que aceptes la verdad de las sugestiones mentales, que cualquiera que no sea objetivamente consciente de ti está en un profundo estado hipnótico relativo a ti.

Por lo tanto "No maldigas al rey, no en tu pensamiento; y no maldigas al rico en la alcoba; porque ave del cielo llevará la voz, y la que tiene alas contará el asunto" (Ecl. 10:20).

Lo que creas sinceramente como verdad de otro lo despertarás en él. No es necesario que nadie esté en trance, de la manera ordinaria, para ser ayudado. Si el sujeto no es consciente de la sugestión, y si la sugestión es dada con convicción y aceptada con confianza por el operador como verdadera, entonces usted tiene el escenario ideal para una oración exitosa.

Represéntese mentalmente al sujeto como si ya hubiera hecho lo que usted desea que haga. Háblale mentalmente y felicítale por haber hecho lo que quieres que haga. Visualízalo mentalmente en el estado que deseas que obtenga. Dentro del círculo de su acción, cada palabra dicha subjetivamente despierta objetivamente, lo que afirma. La incredulidad por parte del sujeto no es obstáculo cuando usted controla su ensueño.

La afirmación audaz por tu parte, mientras estás en un estado parcialmente subjetivo, despierta lo que afirmas. La confianza en ti mismo y la creencia plena en la verdad de tu afirmación mental es todo lo que se necesita para producir resultados. Visualiza al sujeto e imagina que oyes su voz. Esto establece el contacto con su mente subjetiva.

Imagina que te dice lo que quieres oír. Si quieres enviarle palabras de salud y riqueza, imagina que te dice "Nunca me he sentido mejor y nunca he tenido más", y cuéntale mentalmente tu alegría al ser testigo de su buena fortuna. Imagina que ves y oyes su alegría.

Una conversación mental con la imagen subjetiva de otro debe ser de una manera que no exprese la menor duda en cuanto a la verdad de lo que oyes y dices.

Si tienes la menor idea de que no crees lo que has imaginado que has oído y visto, el sujeto no accederá, pues tu mente subjetiva sólo transmitirá tus ideas fijas. Sólo las ideas fijas pueden despertar sus correlatos vibratorios en aquellos hacia quienes se dirigen.

En el ensueño controlado, las ideas deben sugerirse con sumo cuidado. Si no controlas tu imaginación en el ensueño, tu imaginación te controlará a ti.

Cualquier cosa que sugieras con confianza es ley para la mente subjetiva; está obligada a objetivar lo que afirmas mentalmente.

El sujeto no sólo ejecuta el estado afirmado, sino que lo hace como si la decisión hubiera surgido por sí misma, o la idea o la idea la hubiera originado él.

El control del subconsciente es el dominio sobre todo. Cada estado obedece al control de una mente. El control del subconsciente se logra mediante el control de sus creencias, que a su vez es el factor todopoderoso en los estados visibles. La imaginación y la fe son los secretos de la creación.

PREGUNTAS Y RESPUESTAS DE REFLEXIÓN

1. ¿Cuáles son las leyes psicológicas que rigen tanto a los sujetos hipnóticos como a los individuos en la vida cotidiana, según el capítulo?

- **Respuesta:** El capítulo afirma que todos estamos sujetos a leyes psicológicas que facilitan el control por sugestión. Ya sea que se encuentren en estado hipnótico o no, los individuos pueden verse influidos por las creencias e intenciones de los demás, especialmente cuando su conciencia objetiva está disminuida. Esto subraya el poder omnipresente de la sugestión en la configuración de pensamientos y conductas.

-

2. ¿Cómo se relaciona el estado de hipnosis con el concepto de ensoñación controlada?

- **Respuesta:** La hipnosis implica un estado en el que la mente consciente está parcialmente o totalmente dormida, lo que permite que el subconsciente sea más accesible a las sugestiones. La ensoñación controlada funciona de manera similar; es un estado en el que la mente objetiva está tranquila, lo que permite que las afirmaciones poderosas penetren en el subconsciente. En ambos estados, la falta de escepticismo activo permite sugestiones más efectivas.

-

3. ¿Qué papel juega la confianza en uno mismo en la eficacia de las sugerencias?

- **Respuesta:** La confianza en uno mismo es fundamental porque refuerza la fuerza de la sugestión. Cuando el operador cree en la verdad de sus afirmaciones y mantiene una convicción firme, la mente subjetiva del sujeto tiene más probabilidades de aceptar y actuar en consecuencia. La duda puede socavar el proceso, haciendo de la creencia un elemento fundamental para obtener resultados exitosos.

-

4. ¿Cómo pueden las conversaciones mentales mejorar la eficacia de las oraciones o sugerencias?

- **Respuesta:** Las conversaciones mentales implican visualizar al sujeto en un estado deseado e imaginar un diálogo en el que se intercambian afirmaciones positivas. Esta práctica crea una experiencia vívida y cargada de emociones que puede influir en el subconsciente del sujeto. Al participar en este diálogo mental, el operador refuerza la creencia en el resultado deseado, aumentando su probabilidad de manifestación.

-

5. ¿Por qué es importante controlar la imaginación durante el ensueño controlado?

- **Respuesta:** Controlar la imaginación es esencial porque los pensamientos descontrolados pueden generar dudas sobre uno mismo y mensajes contradictorios, lo que puede diluir la eficacia de las sugestiones. Si se permite que la imaginación divague negativamente o que las dudas afloren, pueden manifestarse en la experiencia del sujeto, minando así el resultado deseado.

-

6. ¿Cuál es la importancia de afirmar ideas fijas durante el proceso de sugestión?

- **Respuesta:** Afirmar ideas fijas es importante porque la mente subjetiva responde principalmente a creencias fuertes e inquebrantables. Estas ideas fijas actúan como catalizador para despertar estados correspondientes en los demás. Si el operador expresa dudas o incertidumbre, es posible que la sugerencia no se transmita o reciba de manera efectiva.

-

7. ¿Cómo puede la comprensión del control de la mente subconsciente empoderar a los individuos en sus vidas personales?

- **Respuesta:** Comprender el control del subconsciente permite a las personas reconocer su poder para moldear sus realidades a través de creencias y afirmaciones. Al dominar sus pensamientos y sentimientos, pueden influir no solo en sus propias experiencias sino también en las de los demás, lo que les permite crear los resultados deseados de manera más eficaz.

-

8. ¿Qué pasos prácticos se pueden dar para practicar con éxito la ensoñación controlada?

- **Respuesta:** Para realizar con éxito una ensoñación controlada, uno debe:
- Busque un espacio tranquilo y cómodo para minimizar las distracciones.
- Relájese y concéntrese en el resultado deseado, visualizándolo vívidamente.
- Mantener una mentalidad segura y positiva, afirmando la verdad del estado deseado.
- Realizar un diálogo mental con el sujeto, imaginando su éxito y alegría como si ya hubiera sucedido.
- Reafirmar la creencia en el resultado de manera consistente, tanto durante como después de la sesión.

\-

9. ¿De qué manera el concepto de dominio sobre el subconsciente influye en nuestras acciones y decisiones diarias?

- Respuesta: El dominio sobre el subconsciente influye en las acciones diarias al dar forma a las creencias subyacentes que guían el comportamiento. Cuando las personas comprenden que pueden controlar su subconsciente a través del pensamiento consciente, pueden cambiar sus creencias y actitudes, lo que conduce a acciones y resultados más intencionales que se alinean con sus deseos.

CAPÍTULO CINCO
LEY DE TRANSMISIÓN DEL PENSAMIENTO

"Envió su palabra y los curó, y los libró de sus destrucciones". Transmitió la conciencia de salud y despertó su correlato vibratorio en aquel hacia quien iba dirigida. Se representó mentalmente al sujeto en estado de salud e imaginó que oía al sujeto confirmarlo. "Porque no hay palabra de Dios vacía de poder; mantén, pues, firme el modelo de palabras saludables que has oído".

Para orar con éxito debes tener objetivos claramente definidos. Debes saber lo que quieres antes de pedirlo. Debes saber lo que quieres antes de poder sentir que lo tienes, y la oración es el sentimiento del deseo cumplido.

No importa qué es lo que buscas en la oración, ni dónde está, ni a quién concierne. No tienes nada más que hacer que convencerte de la verdad de aquello que deseas ver manifestado.

Cuando salís de la oración, ya no buscáis, porque - si habéis orado correctamente - habéis asumido inconscientemente la realidad del estado buscado, y por la ley de reversibilidad vuestro subconsciente debe objetivar lo que afirma.

Debes tener un conductor para transmitir una fuerza. Puedes emplear un alambre, un chorro de agua, una corriente de aire, un rayo de luz o cualquier intermediario. El principio del fotófono o de la transmisión de la voz por la luz le ayudará a comprender la transmisión del pensamiento, o el envío de una palabra para curar a otro. Existe una gran analogía entre la voz hablada y la voz mental. Pensar es hablar en voz baja, hablar es pensar en voz alta.

El principio del fotófono es el siguiente: Un rayo de luz es reflejado por un espejo y proyectado a un receptor en un punto distante. Detrás del espejo hay una boquilla. Al hablar por la boquilla se hace vibrar el espejo. Un espejo que vibra modifica la luz que se refleja en él. La luz modificada tiene su discurso para llevar, no como discurso, sino como representado en su correlato mecánico. Llega a la estación distante e incide en un disco dentro del receptor; hace que el disco vibre de acuerdo con la modificación que experimenta - y reproduce tu voz.

"Yo soy la luz del mundo". Yo soy, el conocimiento de que existo, es una luz mediante la cual se hace visible lo que pasa por mi mente. La memoria, o mi capacidad de ver mentalmente lo que está objetivamente presente, prueba que mi mente es un espejo, un espejo tan sensible que puede reflejar un pensamiento. La percepción de una imagen en la memoria no difiere en nada, como acto visual, de la percepción de mi imagen en un espejo. En ambos casos interviene el mismo principio de visión.

Tu conciencia es la luz reflejada en el espejo de tu mente y proyectada en el espacio hacia aquel en quien piensas. Al hablar mentalmente a la imagen subjetiva en tu mente, haces que el espejo de tu mente vibre.

Tu mente vibrante modifica la luz de la conciencia reflejada en él. La luz de conciencia modificada llega a aquel hacia quien se dirige e incide en el espejo de su mente; hace que su mente vibre de acuerdo con la modificación que experimenta. Así, reproduce en él lo que fue afirmado mentalmente por ti.

Sus creencias, sus actitudes mentales fijas, modifican constantemente su conciencia al reflejarse en el espejo de su mente. Tu conciencia, modificada por tus creencias, se objetiva en las condiciones de tu mundo. Para cambiar tu mundo, primero debes cambiar tu concepción de él. Para cambiar a un hombre, debes cambiar tu concepción de él. Primero debes creer que es el hombre que quieres que sea y hablarle mentalmente como si lo fuera. Todos los hombres son lo suficientemente sensibles como para reproducir tus creencias sobre ellos. Por lo tanto, si tu palabra no se reproduce visiblemente en aquel hacia quien es enviada, la causa hay que buscarla en ti, no en el sujeto. En cuanto crees en la verdad del estado afirmado, los resultados se suceden. Todo el mundo puede transformarse; todo pensamiento puede transmitirse; todo pensamiento puede encarnarse visiblemente.

Las palabras subjetivas -suposiciones subconscientes- despiertan lo que afirman. "Son vivientes y activos y no volverán a mí vacíos, sino que realizarán lo que yo quiero y prosperarán en aquello a lo que los envié". Están dotados de la inteligencia correspondiente a su misión y persistirán hasta que se realice el objeto de su existencia; persisten hasta que despiertan los correlatos vibratorios de sí mismos dentro de aquel hacia quien se dirigen, pero en el momento en que se cumple el objeto de su creación dejan de ser. La palabra dicha subjetivamente en tranquila confianza despertará siempre un estado correspondiente en aquel en quien fue dicha; pero en el momento en que su tarea se cumple deja de ser, permitiendo a aquel en quien el estado se realiza permanecer en la conciencia del estado afirmado o volver a su estado anterior.

Cualquier estado que tenga tu atención mantiene tu vida. Por lo tanto, volverse atento a un estado anterior es volver a ese estado. "No te acuerdes de las cosas pasadas, ni consideres las cosas antiguas".

Nada puede añadirse al hombre, pues toda la creación está ya perfeccionada en él. "El reino de los cielos está dentro de vosotros". "Nada puede recibir el hombre, si no le fuere dado del cielo". El cielo es tu subconsciente. Ni siquiera una quemadura de sol se da desde fuera. Los rayos de fuera sólo despiertan los rayos correspondientes de dentro. Si los rayos ardientes no estuvieran contenidos dentro del hombre, todos los rayos concentrados del universo no podrían quemarlo. Si los tonos de la salud no estuvieran contenidos en la conciencia de aquel a quien se afirman, no podrían vibrar por la palabra que se envía. En realidad, no se da a otro, sino que se resucita lo que está dormido en él. "La doncella no está muerta, sino que duerme". La muerte no es más que un dormir y un olvidar. La edad y la decadencia son el sueño -no la muerte- de la juventud y la salud. El reconocimiento de un estado lo hace vibrar o despertar.

La distancia, tal como es conocida por tus sentidos objetivos, no existe para la mente subjetiva. "Si tomo las alas de la mañana y habito en los confines del mar, hasta allí me conducirá tu mano". El tiempo y el espacio son condiciones del pensamiento; la imaginación puede trascenderlos y moverse en un tiempo y un espacio psicológicos.

Aunque estés físicamente separado de un lugar por miles de kilómetros, puedes vivir mentalmente en el lugar lejano como si estuviera aquí. Tu imaginación puede transformar fácilmente el invierno en verano, Nueva York en Florida, etcétera.

Tanto si el objeto de tu deseo está cerca como si está lejos, los resultados serán los mismos. Subjetivamente, el objeto de tu deseo nunca está lejos; su intensa cercanía lo aleja de la observación de los sentidos.

de la observación de los sentidos. Habita en la conciencia, y la conciencia está más cerca que la respiración y más cerca que las manos y los pies.

La conciencia es la única realidad. Todos los fenómenos están formados por la misma sustancia que vibra a diferentes velocidades. De la conciencia salí yo como hombre, y a la conciencia vuelvo yo como hombre. En la conciencia todos los estados existen subjetivamente, y son despertados a su existencia objetiva por la creencia. Lo único que nos impide hacer una impresión subjetiva exitosa en alguien a gran distancia, o transformar el allá en aquí, es nuestro hábito de considerar el espacio como un obstáculo.

Un amigo a mil millas de distancia está arraigado en tu conciencia a través de las ideas fijas que tienes de él. Pensar en él y representártelo interiormente en el estado que deseas que esté, confiando en que esta imagen subjetiva es tan verdadera como si ya estuviera objetivada, despierta en él un estado correspondiente que debe objetivar.

Los resultados serán tan evidentes como oculta estaba la causa. El sujeto expresará el estado despertado en él y permanecerá inconsciente de la verdadera causa de su acción. Tu ilusión de libre albedrío no es más que la ignorancia de las causas que te hacen actuar.

El éxito de las oraciones depende de tu actitud mental y no de la actitud del sujeto. El sujeto no tiene poder para resistir tus ideas subjetivas controladas sobre él, a menos que el estado afirmado por ti como verdadero de él sea un estado que él sea incapaz de desear como verdadero de otro. En ese caso vuelve a ti, el emisor, y se realizará en ti. Siempre que la idea sea aceptable, el éxito depende enteramente del operador y no del sujeto que, como agujas de brújula en sus pivotes, son bastante indiferentes en cuanto a la dirección que usted elija darles. Si tu idea fija no es aceptada subjetivamente por aquel hacia quien se dirige, te rebota a ti de quien procede. "¿Quién es el que os hará daño, si sois seguidores de lo que es bueno? Yo he sido joven, y ahora soy viejo; pero no he visto al justo desamparado, ni a su descendencia mendigando pan." "Ningún mal acontecerá al justo". Nada nos acontece que no sea de la naturaleza de nosotros mismos.

Una persona que dirige un pensamiento malicioso a otra se verá perjudicada por su rebote si no consigue la aceptación subconsciente del otro. "Como sembréis, así cosecharéis". Además, lo que puedes desear y creer de otro puede ser deseado y creído de ti, y no tienes poder para rechazarlo si el que lo desea para ti lo acepta como cierto de ti.

El único poder de rechazar una palabra subjetiva es ser incapaz de desear un estado similar de otro: dar presupone la capacidad de recibir.

La posibilidad de imprimir una idea en otra mente presupone la capacidad de esa mente para recibir esa impresión. Los necios explotan el mundo; los sabios lo transfiguran. Es la más alta sabiduría saber que en el universo viviente no hay más destino que el creado por la imaginación del hombre. No hay influencia fuera de la mente del hombre.

"Todo lo que es amable, todo lo que es de buen nombre; si hay virtud alguna y si hay alabanza, en esto pensad". Nunca aceptes como cierto de los demás lo que no quisieras que fuera cierto de ti.

Para despertar un estado en otro, primero debe estar despierto en ti. El estado que quisieras transmitir a otro sólo puede ser transmitido si es creído por ti. Por lo tanto, dar es recibir. No puedes dar lo que no tienes y sólo tienes lo que crees. Por lo tanto, creer que un estado es verdadero para otro no sólo despierta ese estado en el otro, sino que lo hace vivo en ti. Eres lo que crees.

"Dad y recibiréis, con medida llena, apretada y rebosante". Dar es simplemente creer, porque lo que realmente crees de los demás lo despertarás en ellos. El estado vibratorio transmitido por tu creencia persiste hasta que despierta su vibración correspondiente en aquel de quien se cree.

Pero antes de que pueda ser transmitido, primero debe estar despierto en el transmisor. Todo lo que está despierto en tu conciencia, tú lo estás.

No importa si la creencia pertenece a uno mismo o a otro, porque el creyente se define por la suma total de sus creencias o suposiciones subconscientes.

"Como un hombre piensa en su corazón" -en el subconsciente profundo de sí mismo- "así es él".

Haz caso omiso de las apariencias y afirma subjetivamente como cierto aquello que deseas que lo sea. Esto despierta en ti el tono del estado afirmado que a su vez se realiza en ti y en aquel de quien se afirma. Da y recibirás. Las creencias despiertan invariablemente lo que afirman. El mundo es un espejo en el que cada uno se ve reflejado. El mundo objetivo refleja las creencias de la mente subjetiva.

Algunas personas se autoimpresionan mejor con imágenes visuales, otras con sonidos mentales y otras con acciones mentales. La forma de actividad mental que permite que todo el poder de tu atención se concentre en una dirección elegida es la que debes cultivar, hasta que puedas poner todo en juego en tu objetivo al mismo tiempo. Si tiene dificultades para comprender los términos "imágenes visuales", "sonidos mentales" y "acciones mentales", he aquí una ilustración que aclarará su significado: "A" imagina que ve una pieza de música, sin saber nada de notaciones musicales. La impresión en su mente es puramente visual. B imagina que ve la misma pieza, pero sabe leer música y puede imaginar cómo sonaría al tocarla al piano; esa imaginación es sonido mental. C también lee música y es pianista; mientras lee, se imagina tocando la pieza. La acción imaginaria es acción mental.

Las imágenes visuales, los sonidos mentales y las acciones mentales son creaciones de tu imaginación, y aunque parecen venir de fuera, en realidad vienen de dentro de ti mismo. Se mueven como si las moviera otro, pero en realidad las lanza tu propio espíritu desde el almacén mágico de la imaginación. Se proyectan en el espacio por la misma ley vibratoria que gobierna el envío de una voz o una imagen. El habla y las imágenes se proyectan no como habla o imágenes, sino como correlatos vibratorios. La mente subjetiva vibra según las modificaciones que sufre por el pensamiento y los sentimientos del operador. El estado visible creado es el efecto de las vibraciones subjetivas. Un sentimiento va siempre acompañado de una vibración correspondiente, es decir, de un cambio de expresión o de sensación en el operador.

No hay pensamiento ni sentimiento sin expresión. Por muy carente de emoción que parezca uno si reflexiona con cualquier grado de intensidad, siempre hay una ejecución de ligeros movimientos musculares. El ojo, aunque cerrado, sigue los movimientos de los objetos imaginarios y la pupila se dilata o se contrae según el brillo o la lejanía de esos objetos; la respiración se acelera o se retarda, según el curso de tus pensamientos; los músculos se contraen correspondientemente a tus movimientos mentales.

Este cambio de vibración persiste hasta que despierta una vibración correspondiente en el sujeto, vibración que se expresa entonces en un hecho físico. "Y la palabra se hizo carne".

La energía, como se ve en el caso de la radio, se transmite y se recibe en un "campo", un lugar donde se producen cambios en el espacio. El campo y la energía son uno e inseparables. El campo o sujeto se convierte en la encarnación de la palabra o energía recibida. El pensador y el pensamiento, el operador y el sujeto, la energía y el campo son uno. Si estuvieras lo suficientemente quieto para oír el sonido de tus creencias sabrías lo que significa "la música de las esferas".

El sonido mental que oyes en la oración como si viniera de fuera, en realidad lo produces tú mismo. La auto-observación revelará este hecho. Así como la música de las esferas se define como la armonía oída sólo por los dioses, y se supone que es producida por los movimientos de las esferas celestiales , así también la armonía que oyes subjetivamente para los demás oída sólo por ti es producida por los movimientos de tus pensamientos y sentimientos en el verdadero reino o "cielo dentro de ti."

PREGUNTAS Y RESPUESTAS DE REFLEXIÓN

1. ¿Qué significa la frase "Envió su palabra y los sanó" en el contexto de la transmisión del pensamiento?

- **Respuesta:** Esta frase resalta el poder de la intención y la creencia en la comunicación. Ilustra cómo los pensamientos y las afirmaciones pueden transmitir energía que influye en la conciencia de los demás. El acto de enviar una palabra representa metafóricamente la idea de que nuestros pensamientos pueden invocar la curación y la transformación en los demás cuando tenemos una visión clara de su bienestar.

-

2. ¿Por qué es esencial tener objetivos claramente definidos al momento de orar o manifestar deseos?

- **Respuesta:** Los objetivos claramente definidos son cruciales porque proporcionan una dirección a la mente subconsciente. Saber lo que quieres te permite centrar tus pensamientos y sentimientos en el resultado deseado, lo que hace que sea más fácil asumir la realidad de ese estado. Sin claridad, tus intenciones pueden dispersarse, lo que reduce la eficacia de tus oraciones o afirmaciones.

-

3. ¿Qué papel juega el concepto de "ley de reversibilidad" en la manifestación de los deseos?

- **Respuesta:** La ley de reversibilidad establece que cuando asumes la realidad de un estado deseado, tu mente subconsciente debe manifestar esa realidad en el mundo físico. Al encarnar el sentimiento del deseo cumplido, alineas tus pensamientos con tus intenciones, lo que hace que el subconsciente traiga ese estado a tu experiencia.

-

4. ¿Qué analogía se establece entre la transmisión del pensamiento y el principio del fotófono?

- **Respuesta:** La analogía sugiere que, así como un fotófono transmite sonido a través de vibraciones de luz, los pensamientos pueden transmitirse a través de vibraciones mentales. Cuando afirmamos o visualizamos mentalmente un estado para otra persona, nuestra conciencia vibra de una manera que afecta su mente subconsciente, de la misma manera que las ondas sonoras afectan el disco de un receptor.

-

5. ¿De qué manera pueden tus creencias moldear tu realidad, según el capítulo?

- **Respuesta:** Las creencias actúan como una lente a través de la cual percibimos e interactuamos con el mundo. El capítulo enfatiza que la conciencia refleja nuestras creencias y que, al cambiarlas, podemos alterar las condiciones de nuestra vida. Nuestras experiencias subjetivas están moldeadas por lo que creemos que es verdad y, cuando tenemos creencias positivas sobre nosotros mismos y los demás, podemos transformar nuestra realidad.

-

6. ¿Qué implica la declaración "En realidad no le das a otro, sino que resucitas lo que está dormido dentro de él" acerca de la naturaleza de la influencia?

- **Respuesta:** Esta afirmación sugiere que nuestra influencia sobre los demás no consiste en imponer ideas o estados externos, sino en despertar lo que ya está en ellos de manera inherente. Hace hincapié en la idea de que cada persona tiene potencial y cualidades que pueden estar latentes y que al creer en esas cualidades y afirmarlas, podemos ayudar a que salgan a la luz.

-

7. ¿Cómo explica el capítulo la relación entre el tiempo, el espacio y el pensamiento?

- **Respuesta:** El capítulo plantea que el tiempo y el espacio son construcciones del pensamiento y no imponen limitaciones a la mente subjetiva. Nuestra imaginación puede trascender estas construcciones, lo que nos permite conectarnos mentalmente con personas o lugares independientemente de la distancia física. La clave es reconocer que la conciencia es un campo unificado donde existen todos los estados y, al centrar nuestros pensamientos, podemos manifestar experiencias que se sienten inmediatas y accesibles.

-

8. ¿Qué significa decir "Dar es recibir" en el contexto de la transmisión del pensamiento?

- **Respuesta:** Esta frase implica que el acto de afirmar o creer en un estado positivo para los demás refuerza simultáneamente ese estado dentro de uno mismo. Cuando apoyas y elevas mentalmente a los demás, también cultivas esas cualidades en tu propia conciencia. La interconexión del pensamiento significa que nuestras creencias e intenciones resuenan en nosotros.

-

9. ¿Cómo se puede cultivar la capacidad de concentrar eficazmente la actividad mental?

- **Respuesta:** Para cultivar una concentración mental eficaz, uno debe practicar la visualización de sus deseos con claridad, involucrando todos los sentidos en el proceso. Técnicas como la meditación, ejercicios de visualización y afirmaciones pueden ayudar a fortalecer esta capacidad. Al concentrarse en pensamientos y sentimientos específicos, las personas pueden dirigir su energía mental hacia sus objetivos, lo que aumenta la probabilidad de manifestación.

-

10. ¿Qué sugiere el capítulo sobre la importancia de la autoobservación en el proceso de transmisión del pensamiento?

- **Respuesta:** La autoobservación es fundamental, ya que permite a los individuos reconocer sus propias creencias y sentimientos que influyen en sus interacciones con los demás. Al ser consciente de cómo sus pensamientos afectan su energía y la energía de quienes los rodean, pueden refinar sus intenciones y afirmaciones, lo que conduce a una transmisión de pensamientos más eficaz.

CAPÍTULO SEIS
BUENAS NUEVAS

"Qué hermosos son sobre los montes los pies del que trae buenas nuevas, del que anuncia la paz, del que anuncia el bien, del que anuncia la salvación".

Una manera muy eficaz de llevar buenas nuevas a otro es llamar ante los ojos de tu mente la imagen subjetiva de la persona a la que deseas ayudar y hacer que afirme lo que deseas que haga. Escúchale mentalmente decirte que lo ha hecho. Esto despierta en él el correlato vibratorio del estado afirmado, cuya vibración persiste hasta que su misión se ha cumplido. No importa lo que desees que se haga, ni a quién elijas para hacerlo. Tan pronto como afirmas subjetivamente que está hecho, los resultados siguen.

Sólo se puede fracasar si no se acepta la verdad de la afirmación o si el sujeto no desea para sí mismo o para otro el estado afirmado. En este último caso, el estado se realizaría en ti, el operador.

El hábito aparentemente inofensivo de "hablar consigo mismo" es la forma más fructífera de oración.

Una discusión mental con la imagen subjetiva de otro es la forma más segura de rezar por una discusión.

Usted está pidiendo ser ofendido por el otro cuando se encuentra objetivamente. Se ve obligado a actuar de manera desagradable para usted, a menos que antes del encuentro usted contravenga o modifique su orden afirmando subjetivamente un cambio.

Desgraciadamente, el hombre olvida sus argumentos subjetivos, sus conversaciones mentales cotidianas con los demás, y así se encuentra perdido para la explicación de los conflictos y desgracias de su vida.

Así como los argumentos mentales producen conflictos, las conversaciones mentales felices producen los correspondientes estados visibles de buenas noticias. El hombre se crea a sí mismo a partir de su propia imaginación.

Si el estado deseado es para usted mismo y le resulta difícil aceptar como verdadero lo que sus sentidos niegan, llame ante los ojos de su mente la imagen subjetiva de un amigo y hágale afirmar mentalmente que usted ya es aquello que desea ser. Esto establece en él, sin su consentimiento consciente o conocimiento, la suposición subconsciente de que usted es aquello que él afirmó mentalmente, suposición que, por ser asumida inconscientemente, persistirá hasta que cumpla su misión. Su misión es despertar en ti su correlato vibratorio, cuya vibración al despertar en ti se realiza como un hecho objetivo.

Otra forma muy eficaz de orar por uno mismo es utilizar la fórmula de Job, quien descubrió que su propio cautiverio desaparecía a medida que oraba por sus amigos. Fija tu atención en un amigo y haz que la voz imaginaria de tu amigo te diga que él es o tiene aquello que es comparable a lo que tú deseas ser o tener.

Mientras le oyes y le ves mentalmente, siente la emoción de su buena fortuna y deséale sinceramente lo mejor. Esto despierta en él la vibración correspondiente al estado afirmado, vibración que debe entonces objetivarse como un hecho físico. Descubrirás la verdad de la afirmación: "Bienaventurados los misericordiosos porque ellos recibirán misericordia". "La cualidad de la misericordia es doblemente bendita: bendice al que toma y al que da".

El bien que aceptas subjetivamente como verdadero de los demás no sólo será expresado por ellos, sino que una parte completa será realizada por ti.

Las transformaciones nunca son totales. La fuerza A siempre se transforma en algo más que una fuerza B. Un golpe con un martillo no sólo produce una conmoción mecánica, sino también calor, electricidad, un sonido, un cambio magnético, etc. El correlato vibratorio en el sujeto no es la transformación total del sentimiento comunicado.

El don transmitido a otro es como la medida divina, apretada, sacudida y rebosante, de modo que después de alimentar a cinco mil con los cinco panes y los dos peces, sobran doce cestos llenos.

PREGUNTAS Y RESPUESTAS DE REFLEXIÓN

1. ¿Qué significa para usted personalmente la frase "buenas nuevas"?

- **Respuesta:** Las buenas noticias pueden representar noticias positivas, aliento o una sensación de esperanza. Pueden estar relacionadas con logros personales, sanación o el bienestar de los demás. Reflexionar sobre esta frase nos anima a considerar cómo compartimos positividad en nuestras interacciones y cómo podemos animar a los demás a través de nuestros pensamientos y afirmaciones.

-

2. ¿Cómo puede el visualizar a alguien afirmando tus deseos impactar tu realidad?

- **Respuesta:** Visualizar a alguien que afirma nuestros deseos puede crear una poderosa conexión entre nuestras intenciones y el estado vibratorio que queremos despertar en nosotros mismos y en los demás. Esta práctica refuerza la creencia de que nuestros deseos son alcanzables, influyendo en nuestra mentalidad y acciones de maneras que conducen a la manifestación.

-

3. ¿Cuáles son algunos ejemplos de "discusiones mentales" que usted podría haber tenido y cómo afectaron sus relaciones?

- Respuesta: Las discusiones mentales pueden incluir el ensayo de conversaciones en las que anticipamos desacuerdos o conflictos. Estas discusiones pueden crear tensión y conducir a enfrentamientos en la vida real. Reconocer este patrón nos permite elegir conscientemente afirmaciones positivas, fomentando la armonía en nuestras relaciones.

-

4. ¿Por qué crees que es esencial tener una imagen mental clara de lo que deseas al orar o afirmar?

- Respuesta: Tener una imagen mental clara ayuda a centrar nuestros pensamientos y emociones, haciendo más tangibles nuestros deseos. La claridad potencia nuestra capacidad de transmitir nuestras intenciones de forma eficaz, influyendo en nuestro subconsciente y en la conciencia de los demás implicados en nuestras manifestaciones.

-

5. ¿Cómo puede aplicarse el principio de "bienaventurados los misericordiosos" a nuestra vida diaria?

- **Respuesta:** Este principio sugiere que los actos de bondad y empatía no solo benefician a los demás, sino que también enriquecen nuestras propias vidas. Al elegir conscientemente desear el bien a los demás y apoyarlos a través de nuestros pensamientos, cultivamos un entorno de positividad que regresa a nosotros en diversas formas.

-

6. ¿Qué significa en tus experiencias personales la idea de que las transformaciones nunca son totales?

- **Respuesta:** Esta idea implica que cada acción o pensamiento crea ondas que se extienden más allá de la intención inicial. Por ejemplo, cuando apoyamos a un amigo, puede derivar en bendiciones inesperadas u oportunidades de crecimiento para nosotros. Comprender este concepto nos anima a ser conscientes de la energía que proyectamos.

-

7. ¿Cómo puedes aplicar las enseñanzas de este capítulo en tus interacciones con los demás?

- **Respuesta:** Puedo aplicar estas enseñanzas dirigiendo conscientemente pensamientos positivos hacia los demás, visualizando su éxito y afirmando su potencial. Esto no solo mejora su estado, sino que también refuerza mis propias creencias y deseos, creando un ciclo de positividad y transformación en mi vida y mis relaciones.

-

8. ¿De qué manera puedes reconocer y resistir el hábito del diálogo interno negativo?

- **Respuesta:** Reconocer el diálogo interno negativo implica tomar conciencia de mi diálogo interno y su impacto en mis creencias. Para resistirlo, puedo reemplazar las afirmaciones negativas por otras positivas, concentrarme en visualizar mis metas y recordarme mis fortalezas y logros, reforzando así una mentalidad más saludable.

CAPÍTULO SIETE
LA ORACIÓN MÁS GRANDE

La imaginación es el principio de la creación.

Imaginas lo que deseas y luego crees que es verdad.

Todo sueño puede hacerse realidad si se tiene la autodisciplina suficiente para creerlo. Las personas son lo que tú decides que sean; un hombre es según la manera en que lo miras. Debes mirarle con otros ojos para que cambie objetivamente.

"Dos hombres miraron desde las rejas de la cárcel, uno vio el barro y el otro vio las estrellas". Hace siglos, Isaías hizo la pregunta: "¿Quién es ciego, sino mi siervo, o sordo, como mi mensajero que envié?". "¿Quién es ciego como el que es perfecto, tan ciego como el siervo del Señor?".

El hombre perfecto no juzga según las apariencias, sino que juzga rectamente. Ve a los demás como desea que sean; oye sólo lo que quiere oír. Sólo ve el bien en los demás. En él no hay condenación porque transforma el mundo con su ver y oír.

"El rey que está sentado en el trono esparce el mal con su ojo". Simpatía
por los seres vivos -el acuerdo con las limitaciones humanas- no está en la conciencia del rey porque ha

aprendido a separar sus falsos conceptos de su verdadero ser.

Para él, la pobreza no es más que el sueño de la riqueza. No ve orugas, sino mariposas pintadas por ser; no el invierno, sino el verano durmiendo; no el hombre en la necesidad, sino Jesús durmiendo.

Jesús de Nazaret, que dispersó el mal con su ojo, está dormido en la imaginación de todo hombre, y de su propia imaginación debe despertarlo el hombre afirmando subjetivamente "YO SOY Jesús" Entonces y sólo entonces verá a Jesús, pues el hombre sólo puede ver lo que está despierto en sí mismo. El vientre santo es la imaginación del hombre.

El niño santo es aquella concepción de sí mismo que se ajusta a la definición de perfección de Isaías. Presta atención a las palabras de San Agustín: "Demasiado tarde te he amado, pues he aquí que estabas dentro y fue fuera donde te busqué". Es a tu propia conciencia a la que debes dirigirte como a la única realidad. Allí, y sólo allí, despiertas lo que está dormido. "Aunque mil veces nazca Cristo en Belén, si no nace de en ti tu alma sigue desamparada". La creación está acabada. Llamas a tu creación sintiendo la realidad del estado que llamarías.

Un estado de ánimo atrae sus afinidades pero no crea lo que atrae. Así como el sueño es llamado por el sentimiento "tengo sueño", así también Jesucristo es llamado por el sentimiento "yo soy Jesucristo." El hombre sólo se ve a sí mismo. Nada le sucede al hombre que no sea la naturaleza de sí mismo. Las personas surgen de la masa traicionando su estrecha afinidad con tus estados de ánimo a medida que se engendran. Las encuentras aparentemente por accidente, pero descubres que son íntimas de tu estado de ánimo. Dado que tus estados de ánimo se exteriorizan continuamente, podrías profetizar a partir de ellos que, sin buscarlos, pronto conocerías a ciertos personajes y te encontrarías con ciertas condiciones. Por lo tanto, llama al ser perfecto viviendo en el sentimiento: "Yo soy Cristo", pues Cristo es el único concepto de sí mismo a través del cual pueden verse las realidades develadas de la eternidad.

Nuestro comportamiento está influido por nuestra suposición subconsciente respecto a nuestro propio rango social e intelectual y al de aquel a quien nos dirigimos. Busquemos y evoquemos el mayor rango, y el más noble de todos es el que despoja al hombre de su moralidad y lo reviste de una gloria inmortal sin freno. Asumamos el sentimiento "Yo soy Cristo", y toda nuestra conducta cambiará sutil e inconscientemente de acuerdo con la suposición.

Nuestras suposiciones subconscientes se exteriorizan continuamente para que los demás puedan vernos conscientemente como nos vemos subconscientemente a nosotros mismos, y nos digan con sus acciones lo que subconscientemente hemos supuesto que somos. Por lo tanto asumamos el sentimiento "YO SOY Cristo," hasta que nuestra afirmación consciente se convierta en nuestra suposición subconsciente de que "Todos nosotros, mirando a cara descubierta como en un espejo la gloria del Señor, somos transformados de gloria en gloria en la misma imagen." Que Dios despierte y sus enemigos sean destruidos. No hay oración más grande para el hombre.

PREGUNTAS Y RESPUESTAS DE REFLEXIÓN

1. ¿Qué significa para usted que "la imaginación es el comienzo de la creación"?

- Respuesta: Esta frase enfatiza el poder de la imaginación para moldear nuestra realidad. Sugiere que nuestros pensamientos y visiones crean la base de nuestras experiencias. Reconocer esto puede inspirarme a aprovechar mi imaginación de manera positiva y concentrarme en los deseos que deseo manifestar en mi vida.

-

2. ¿Cómo puede el cambio de perspectiva sobre los demás influir en tus interacciones con ellos?

- Respuesta: Al ver a los demás a través de una lente de posibilidades y potencial en lugar de limitaciones, puedo fomentar interacciones más positivas. Si veo lo mejor de las personas, las aliento a encarnar esas cualidades. Este cambio de perspectiva promueve un entorno de apoyo y crecimiento.

-

3. Reflexiona sobre la cita: "Dos hombres miraban desde los barrotes de una prisión; uno veía el barro

y el otro las estrellas". ¿Qué perspectiva te resulta más familiar y por qué?

- **Respuesta:** Esta cita ilustra el poder de la perspectiva para moldear nuestras experiencias. Creo que ver las "estrellas" me resulta más familiar, ya que encarna la esperanza y la posibilidad, y me anima a centrarme en las aspiraciones en lugar de en las limitaciones. Adoptar este punto de vista puede inspirar resiliencia y creatividad.

-

4. ¿Qué significa para tus relaciones personales la idea de "ver a los demás como deseas que sean"?

- **Respuesta:** Esta idea sugiere que nuestras percepciones moldean el comportamiento y la autoimagen de los demás. Al elegir conscientemente ver los rasgos positivos en quienes me rodean, puedo influir en sus acciones y ayudarlos a desarrollar su potencial, creando una dinámica más armoniosa y solidaria.

-

5. ¿Cómo puede la afirmación "La creación está terminada" influir en tu manera de manifestar tus deseos?

- **Respuesta:** Entender que la creación está terminada implica que todo lo que deseo ya existe en un estado potencial. Mi papel es alinear mis sentimientos y creencias con esa realidad. Esto fomenta una mentalidad de abundancia y receptividad, centrándome en sentir la realidad de lo que quiero atraer.

-

6. ¿Qué sugiere acerca de la identidad propia la frase "llamar al perfecto a la existencia viviendo en el sentimiento 'Yo soy Cristo'"?

- **Respuesta:** Esta frase resalta el poder transformador de la identidad propia. Al encarnar el sentimiento de ser Cristo o un yo superior, puedo elevar mi conciencia y mi comportamiento, lo que me permite percibir y manifestar mi verdadero potencial. Esta práctica fomenta el crecimiento espiritual y la alineación con ideales superiores.

-

7. ¿Cómo influyen tus estados de ánimo en las personas y situaciones que atraes a tu vida?

- **Respuesta:** Mis estados de ánimo actúan como un imán para energías similares, atrayendo personas y circunstancias que resuenan con mi estado emocional. Reconocer esto me permite ser más intencional en cuanto al cultivo de estados de ánimo positivos, ya que estos impactan directamente en las experiencias que atraigo a mi vida.

-

8. ¿Cuáles son algunos pasos prácticos que puedes dar para asumir el sentimiento de "Yo soy Cristo" en tu vida diaria?

- **Respuesta:** Puedo practicar afirmaciones diarias, visualizar mi yo más elevado y participar en actividades que eleven mi espíritu. Además, rodearme de influencias positivas y participar en actos de bondad puede ayudarme a encarnar este sentimiento, fomentando un sentido de unidad y compasión hacia mí mismo y hacia los demás.

TEMAS CLAVE

LEY DE REVERSIBILIDAD

Según el libro, la Ley de Reversibilidad se refiere al principio de que todas las transformaciones de energía son inherentemente reversibles. Esto significa que el flujo de causa y efecto entre los reinos físico y psicológico puede moverse en ambas direcciones. En términos más simples, así como una causa física puede producir un efecto psicológico, un estado psicológico, como un sentimiento o una creencia, puede revertirse y manifestarse como una realidad física.

El libro explica con más detalle que este principio es fundamental para comprender la oración y su eficacia. Sugiere que si una persona puede imaginar vívidamente las emociones y los sentimientos que experimentaría si su deseo o anhelo ya se hubiera cumplido, puede revertir este proceso utilizando ese estado emocional para hacer que su deseo se haga realidad. Básicamente, al asumir el estado emocional de un deseo cumplido y mantenerlo, una persona activa la realidad correspondiente en el mundo físico.

La Ley de Reversibilidad enseña que el estado interno de conciencia tiene el poder de moldear las circunstancias externas. Esto se basa en la idea de que los sentimientos y los pensamientos son fuerzas tan reales como las acciones físicas y, por lo tanto, pueden producir resultados tangibles. El libro alienta a las personas a vivir en la realidad emocional de su deseo cumplido, sabiendo que esta condición emocional debe eventualmente manifestarse como su realidad externa.

-

NATURALEZA DUAL DE LA CONCIENCIA

Según el libro, la naturaleza dual de la conciencia es un concepto fundamental que destaca la distinción entre los aspectos consciente y subconsciente de la mente. La mente consciente se describe como la parte que se ocupa de la lógica, el razonamiento y la interpretación de la información sensorial. Funciona en el ámbito del mundo objetivo, procesando hechos, experiencias y observaciones. Sin embargo, esta mente consciente tiene un alcance limitado porque opera bajo las restricciones de la lógica, el tiempo y la realidad física.

En cambio, la mente subconsciente se presenta como mucho más poderosa e influyente, ya que gobierna las acciones involuntarias, las emociones y las suposiciones subyacentes que dan forma a la vida de un individuo. A diferencia de la mente consciente, el subconsciente no está limitado por el razonamiento lógico ni por las limitaciones del mundo físico. Es capaz de aceptar sugerencias sin cuestionar su validez, lo que le permite crear y manifestar esas sugerencias en una realidad tangible. El subconsciente se describe como el yo más profundo y verdadero: lo que una persona es, en contraposición a lo que simplemente sabe.

El libro destaca el papel crucial de la oración como método de comunicación con la mente subconsciente. A través de la oración, una persona evita las limitaciones lógicas de la mente consciente y transmite sugerencias directamente al subconsciente, que luego trabaja para llevarlas al mundo exterior. El subconsciente acepta estas sugerencias como verdad y las transforma en realidades físicas correspondientes, independientemente de las dudas o el escepticismo de la mente consciente.

La naturaleza dual de la conciencia subraya la importancia de comprender y dominar esta relación entre el consciente y el subconsciente para lograr la transformación personal. La mente consciente puede iniciar deseos, pero es el subconsciente el que tiene el poder de hacerlos realidad. Por lo tanto, para cambiar de manera efectiva las circunstancias externas de una persona, es esencial trabajar con el subconsciente, principalmente a través de la creencia enfocada, la imaginación y la oración, que alinean al subconsciente con los resultados deseados.

-

IMAGINACIÓN Y FE

Según el libro, la imaginación y la fe se presentan como las dos facultades esenciales que impulsan el proceso de creación y manifestación en la vida de un individuo. La imaginación se describe como la fuerza creativa, la herramienta a través de la cual todas las ideas, deseos y realidades toman forma. Permite a las personas trascender las limitaciones de los sentidos físicos y visualizar lo que aún no existe en el mundo externo. A través de la imaginación, uno puede explorar posibilidades, crear imágenes mentales de resultados deseados y experimentar las emociones asociadas con esos resultados, como si ya fueran reales.

Sin embargo, la imaginación por sí sola no es suficiente para que se produzca la manifestación. Aquí es donde la fe desempeña un papel crucial. La fe se describe como la sustancia que da realidad a lo que los sentidos niegan, permitiendo al individuo aceptar el escenario imaginado como verdadero, incluso si no hay evidencia física que lo respalde. La fe permite a la mente creer en el cumplimiento de un deseo a pesar de las objeciones lógicas o la información sensorial contraria. Es a través de la fe que el individuo puede aferrarse con confianza a la realidad imaginada y sostenerla en su conciencia.

Juntas, la imaginación y la fe crean una poderosa sinergia que influye en la mente subconsciente. El libro enfatiza que el subconsciente es responsable de moldear la realidad externa de una persona, pero que sólo puede ser influenciado por creencias y sentimientos profundamente arraigados. Al combinar la imaginación (visualizar el estado deseado) y la fe (creer en su verdad), el individuo planta estas imágenes y convicciones en el subconsciente. Una vez que el subconsciente acepta estas imágenes y creencias mentales, comienzan a manifestarse en el mundo externo, convirtiendo los pensamientos en realidad.

Este concepto también destaca la importancia de la imaginación controlada. Para que la imaginación sea eficaz, debe ser disciplinada y estar alineada con la fe, asegurando que el individuo se concentre constantemente en el resultado deseado en lugar de permitir que la duda o las emociones conflictivas intervengan. De esta manera, la imaginación y la fe se convierten en las herramientas a través de las cuales uno puede moldear deliberadamente su vida, utilizando el poder de la mente para convertir los deseos invisibles en realidades visibles.

-

Ensoñación controlada

Según el libro, el Ensueño Controlado es un concepto que enfatiza la importancia de la sugestión y el control mental para lograr la transformación personal y la manifestación de los deseos. El Ensueño se refiere a un estado de concentración relajada, donde la mente está tranquila, pasiva, pero muy receptiva. En este estado, las facultades críticas y lógicas de la mente consciente se aquietan, lo que permite que la mente subconsciente sea influenciada más directamente por las sugestiones e imágenes impresas en ella.

El libro explica que, en estado de vigilia normal, la mente suele estar demasiado preocupada por los estímulos externos, las distracciones y el razonamiento lógico, lo que dificulta que las sugestiones penetren profundamente en el subconsciente. Sin embargo, cuando una persona entra en un estado de ensoñación, que puede describirse como una forma de ensoñación controlada o meditación concentrada, la mente se vuelve abierta y maleable. En este estado relajado, las sugestiones (ya sean imágenes, afirmaciones o deseos) pueden eludir las defensas de la mente consciente y ser implantadas directamente en el subconsciente.

El ensueño controlado es crucial porque la mente subconsciente es la verdadera fuerza creativa que se esconde detrás de la realidad externa. No cuestiona la validez de las sugerencias que recibe, sino que simplemente las acepta y actúa en consecuencia. Por lo tanto, al entrar en un ensueño controlado, una persona puede guiar conscientemente sus pensamientos, sentimientos e imágenes mentales de una manera enfocada, imprimiendo sus deseos en el subconsciente sin la interferencia de la duda o la resistencia.

El libro destaca que durante este proceso es esencial que el individuo imagine vívidamente el resultado deseado como si ya se hubiera realizado y sienta las emociones asociadas con ese cumplimiento. Estas imágenes y sentimientos mentales, cuando se mantienen en el estado de ensoñación, serán aceptados por el subconsciente, que luego trabajará para manifestarlos en el mundo físico. El poder de la sugestión se amplifica en este estado relajado, lo que lo convierte en una poderosa herramienta para lograr la transformación personal.

Además, el Ensueño Controlado enfatiza la importancia de la autodisciplina y la concentración mental. Enseña que el individuo debe tener cuidado de asegurarse de que sólo los resultados positivos y deseados se impriman en el subconsciente durante el ensueño. Los pensamientos negativos o conflictivos podrían aceptarse y manifestarse con la misma facilidad si se les permite dominar la mente durante este estado sugestionable. Por lo tanto, el individuo debe dirigir cuidadosamente su imaginación y emociones hacia el resultado deseado para asegurar el éxito en la manifestación de sus metas.

Sueño controlado consiste en utilizar un estado mental tranquilo y concentrado para plantar las semillas del deseo en el subconsciente, donde pueden echar raíces y crecer hasta convertirse en realidad física. Ofrece un método práctico para influir en la mente más profunda y transformar las circunstancias externas de uno mismo guiando conscientemente los pensamientos y las emociones durante los momentos de mayor receptividad mental.

-

TRANSMISIÓN DEL PENSAMIENTO

Según el libro, la transmisión del pensamiento se refiere a la idea de que los pensamientos, creencias y oraciones tienen la capacidad de transmitirse de la mente de un individuo a otro, influyendo en el receptor sin que éste sea consciente de ello. Este concepto se basa en la creencia de que la mente no funciona simplemente como una entidad aislada, sino como parte de un campo de conciencia más amplio e interconectado. En este campo, los pensamientos subjetivos pueden viajar de una persona a otra, de forma muy similar a las ondas de radio u otras formas de transmisión de energía.

El libro explica que este proceso ocurre telepáticamente, lo que significa que el receptor del pensamiento o creencia no necesita ser consciente de ello para que la transmisión surta efecto. La mente subconsciente del receptor siempre está abierta y receptiva a los pensamientos entrantes, especialmente cuando el remitente los siente o cree firmemente en ellos. Como resultado, el subconsciente del receptor acepta la idea transmitida como verdadera y comienza a manifestar conductas o circunstancias correspondientes, a menudo sin darse cuenta de la influencia externa.

Este principio de transmisión del pensamiento está estrechamente vinculado a la ley de la creencia y al concepto de que los pensamientos subjetivos pueden alterar las realidades objetivas. El libro sugiere que al centrar los pensamientos en otra persona (ya sea en forma de oración, afirmación o imagen mental), se puede influir en la realidad de esa persona. Por ejemplo, si alguien visualiza mentalmente a otra persona experimentando éxito, salud o felicidad, y lo hace con una profunda creencia en la realidad de esa visión, el receptor aceptará inconscientemente la sugerencia y comenzará a reflejar esas condiciones en su vida.

El poder de la transmisión del pensamiento reside en la idea de que la distancia y el tiempo no limitan la capacidad de la mente para influir en los demás. Como la mente subjetiva opera fuera de las limitaciones del espacio físico, puede llegar a los demás, incluso a los que están lejos. El libro hace hincapié en que la transmisión de pensamientos no depende de la proximidad física, sino más bien de la intensidad y la claridad de la creencia y la imagen mental del emisor.

Además, el libro subraya la importancia del estado emocional del emisor a la hora de transmitir pensamientos. Enseña que el sentimiento o la emoción asociada al pensamiento es lo que le da poder. Las emociones fuertes, como el amor, la alegría o la fe sincera, potencian la transmisión y aumentan la probabilidad de que el pensamiento sea aceptado por el subconsciente del receptor. Por el contrario, los pensamientos negativos o las dudas pueden debilitar la transmisión o hacer que el emisor experimente los efectos no deseados, ya que el pensamiento puede rebotar.

La transmisión del pensamiento es una herramienta poderosa para influir en el mundo exterior al afectar las mentes y realidades de los demás. Refleja la creencia de que todas las mentes están interconectadas y que al dirigir conscientemente los pensamientos hacia los demás, una persona puede ayudar a lograr los resultados deseados en las vidas de aquellos en quienes se centra. Ya sea a través de la oración, la imaginación mental enfocada o la simple creencia, la transmisión del pensamiento sostiene que los pensamientos de una persona pueden dar forma no solo a la realidad personal sino también a las realidades de los demás, lo que resalta el profundo impacto de la mente en el mundo que la rodea.

-

LA ORACIÓN COMO DIÁLOGO INTERIOR

Según el libro, la oración como diálogo interior es un tema central que redefine la oración no como una simple petición o súplica, sino como una conversación interna continua. Este concepto sugiere que la oración no consiste en pedir resultados externos, sino en entablar un diálogo mental que refleje el cumplimiento de los propios deseos. Al mantener estas conversaciones internas en tiempo presente, como si el resultado deseado ya se hubiera producido, una persona puede convertir ese resultado en realidad.

El libro explica que el poder de este diálogo interno reside en su capacidad de influir en la mente subconsciente, que es la encargada de moldear el mundo externo de una persona. Cuando alguien entabla una conversación mental, ya sea consigo mismo o con otros, en realidad está enviando sugerencias a su subconsciente. Estas sugerencias, si se repiten con convicción y compromiso emocional, son aceptadas por el subconsciente como verdaderas y comienzan a manifestarse en el mundo físico. Por lo tanto, la oración en este sentido no consiste en pedir algo para el futuro, sino en afirmar y ensayar mentalmente el estado deseado como si ya existiera.

La oración como diálogo interior también enfatiza que estas conversaciones mentales no están limitadas por la realidad física. Uno puede conversar mentalmente con otra persona, ya sea que esté físicamente presente o no, e influir en su mente subconsciente a través del poder de la sugestión. El libro enseña que estas conversaciones siempre deben reflejar el resultado deseado, evitando cualquier expresión de duda o carencia. Por ejemplo, si alguien desea el éxito, debe conversar mentalmente consigo mismo o con los demás como si ese éxito ya se hubiera logrado, expresando gratitud y satisfacción en lugar de necesidad o incertidumbre.

Un aspecto clave de este tema es el papel de la emoción y la creencia en el diálogo interno. El libro destaca que el individuo no sólo debe participar en estas conversaciones mentales, sino que también debe hacerlo con un profundo sentido de creencia y convicción emocional. La mente subconsciente responde mejor a las sugestiones que están cargadas de sentimientos fuertes, como alegría, gratitud o confianza. Por lo tanto, en esta forma de oración, es esencial cultivar los sentimientos asociados con el deseo que se está cumpliendo, ya que estas emociones actúan como la fuerza impulsora detrás del proceso de manifestación.

Además, el libro subraya que la oración como diálogo interior no se limita a la superación personal o a los deseos personales. También puede utilizarse para influir en las circunstancias de los demás. Al conversar mentalmente con otra persona en el estado que deseamos para ella (ya sea salud, felicidad o éxito), podemos ayudar a que ese estado se haga realidad para ella también. Esta forma de oración funciona a través del mismo mecanismo de influencia subconsciente, donde las imágenes mentales y los sentimientos proyectados durante el diálogo interior se transmiten al subconsciente del receptor, lo que le lleva a encarnar el estado deseado.

La oración como diálogo interior consiste en dirigir conscientemente los pensamientos y las conversaciones mentales hacia el cumplimiento de los deseos. Transforma la oración de un acto pasivo de pedir a un proceso activo de creación de la realidad a través de un discurso interior centrado y cargado de emociones. Al participar constantemente en conversaciones mentales que afirmen el deseo cumplido, las personas pueden utilizar el poder de su mente subconsciente para generar las condiciones que desean, tanto para sí mismas como para los demás.

-

EL PODER DE LA CREENCIA

Según el libro, El poder de la creencia es un concepto central que enfatiza el papel crucial que desempeña la creencia en la configuración de la realidad individual y del mundo externo más amplio. El libro afirma que la creencia, ya sea sostenida consciente o inconscientemente, actúa como la fuerza impulsora detrás de todas las manifestaciones. En esencia, lo que una persona cree que es verdad, independientemente de si esta creencia se basa en hechos o suposiciones, eventualmente se convertirá en su realidad. Por lo tanto, la creencia no es solo una aceptación pasiva de ideas, sino una fuerza activa y creativa que moldea las experiencias y los resultados en la vida de una persona.

El libro explica que la mente subconsciente está particularmente influenciada por las creencias. A diferencia de la mente consciente, que se rige por la lógica y la razón, la mente subconsciente acepta las creencias sin cuestionar su validez. Simplemente toma estas creencias, ya sean fortalecedoras o limitantes, y trabaja para manifestarlas en el mundo físico. Este proceso ocurre automáticamente, por lo que es esencial que las personas sean conscientes de sus creencias y las gestionen, ya que estas suposiciones no examinadas pueden obstaculizar o promover su desarrollo personal.

Una de las enseñanzas clave de El poder de la creencia es la idea de que controlar las propias creencias es fundamental para transformar la propia vida. Dado que el subconsciente no discrimina entre creencias positivas o negativas, las personas deben elegir activamente qué creencias aceptar y reforzar. El libro fomenta la práctica de la autodisciplina en el pensamiento, instando a las personas a centrarse únicamente en las creencias que se alinean con sus deseos y objetivos. Al hacerlo, pueden asegurarse de que la mente subconsciente esté trabajando para crear las condiciones que buscan en lugar de reforzar inconscientemente patrones o situaciones no deseados.

El libro también destaca que las creencias tienen una relación recíproca con la realidad. Las creencias no sólo dan forma a lo que sucede en el mundo exterior, sino que las experiencias y los resultados que ocurren en la vida de una persona también refuerzan esas creencias. Por ejemplo, si una persona cree que está destinada al éxito, es probable que tome medidas y adopte actitudes que se alineen con esa creencia, lo que le llevará a obtener resultados exitosos. Estos resultados, a su vez, fortalecen la creencia original, creando un ciclo de éxito que se refuerza a sí mismo. Por el contrario, las creencias negativas pueden atrapar a una persona en un ciclo de fracaso o insatisfacción, ya que el subconsciente manifiesta continuamente condiciones que se alinean con esas creencias limitantes.

Además, El poder de la creencia no se limita a los resultados personales; también se extiende a la influencia que uno ejerce sobre los demás y el mundo en general. El libro sugiere que las personas pueden influir en las creencias y realidades de los demás a través de sus propias convicciones firmes. Si alguien tiene una creencia firme sobre otra persona (ya sea una creencia en su potencial, éxito o bienestar), esta creencia puede ser transmitida y aceptada por el subconsciente de la otra persona, lo que la lleva a actuar de maneras que cumplan con esa creencia.

El libro también enfatiza que la creencia no es simplemente una cuestión de ilusiones. Debe sentirse profundamente y ser internalizada para que influya en la mente subconsciente. Es poco probable que las creencias superficiales o pasajeras tengan un impacto duradero. En cambio, el libro alienta a las personas a cultivar sus creencias a través del ensayo mental constante, la participación emocional y el diálogo interno, todo lo cual fortalece la convicción de que la realidad deseada ya es cierta.

El poder de la creencia enseña que la creencia es un mecanismo fundamental a través del cual las personas crean su realidad. Al elegir y reforzar conscientemente creencias empoderadoras, las personas pueden moldear sus vidas y el mundo que las rodea en consonancia con sus deseos más elevados. Por el contrario, las creencias no controladas o limitantes seguirán manifestando condiciones indeseables. Por lo tanto, el libro insta a las personas a asumir la responsabilidad de sus creencias, ya que hacerlo es clave para dominar su realidad y lograr la transformación personal.

-

IDENTIDAD Y DIVINIDAD

Según el libro, Identidad y Divinidad es un tema profundo que explora el concepto de reconocer y aceptar la naturaleza divina inherente a cada individuo. El texto presenta la idea de que la verdadera esencia de una persona no está separada de la divinidad, sino que es más bien una expresión de ella. Este yo divino a menudo se simboliza como Cristo, que representa la naturaleza perfecta e ilimitada del potencial humano. Al reconocer y afirmar esta identidad, en particular a través de la afirmación "Yo soy Cristo", el individuo accede a un poder divino que tiene la capacidad de transformar tanto su mundo interior como su realidad externa.

El libro enfatiza que la frase "Yo soy Cristo" no es una mera declaración religiosa sino una poderosa afirmación de la propia identidad divina. Enseña que al adoptar esta mentalidad, las personas se alinean con la fuerza creativa del universo, que es capaz de manifestar sus deseos y aspiraciones más profundos. En este sentido, Cristo es entendido no sólo como una figura histórica sino como un símbolo de la conciencia perfecta y divina que reside dentro de todas las personas. Al reclamar esta identidad, el individuo va más allá de las limitaciones humanas y entra en un estado del ser donde la transformación y la creación se vuelven naturales.

Este concepto de la divinidad interior enfatiza que cada individuo tiene el potencial de despertar la conciencia

Crística, o la conciencia de su verdadera naturaleza divina. El libro enfatiza que este despertar es esencial para alcanzar el dominio de la propia vida, ya que permite al individuo pasar de un estado de separación y limitación a uno de unidad con el poder creativo infinito del universo. El yo divino, una vez reconocido, trae consigo la comprensión de que todas las posibilidades ya existen dentro del individuo, y es a través de la alineación con esta verdad que puede dar forma a su realidad.

Además, el texto explica que esta afirmación de identidad tiene implicaciones prácticas para la vida diaria. Al declarar "Yo soy Cristo", el individuo no sólo reconoce su propia divinidad, sino que también comienza a actuar y pensar desde ese estado de conciencia. Este cambio de identidad transforma sus pensamientos, sentimientos y conductas, permitiéndole expresar cualidades como el amor, la compasión, la creatividad y la sabiduría, atributos tradicionalmente asociados con lo divino. Como resultado, comienza a experimentar la vida desde una perspectiva más elevada, donde los desafíos se ven como oportunidades de crecimiento y las limitaciones se disuelven en la presencia de su naturaleza divina.

Además de transformar la experiencia personal del individuo, este reconocimiento de la divinidad también afecta la forma en que percibe e interactúa con los demás. El libro sugiere que cuando las personas se ven a sí mismas como divinas, son capaces de ver la misma divinidad en los demás. Esto cambia las relaciones e interacciones del juicio y la separación a la unidad y la compasión. Al afirmar su propia identidad divina, las personas contribuyen a la elevación de la conciencia colectiva, fomentando un mundo donde todos son reconocidos como una expresión de lo divino.

En definitiva, el tema de la identidad y la divinidad sirve como un llamado a las personas para que se den cuenta de que su verdadera naturaleza no está definida por las condiciones externas, las limitaciones o las circunstancias materiales, sino que está determinada por el reconocimiento interior de su conexión con el infinito. El libro anima a las personas a apropiarse de esta identidad divina, no como una idea abstracta sino como una realidad vivida. Al hacerlo, pueden transformar no solo sus propias vidas sino también el mundo que las rodea, utilizando el poder creativo del ser divino para generar amor, paz, abundancia y plenitud.

Identidad y Divinidad trata de despertar a la comprensión de que el poder divino simbolizado por Cristo reside dentro de cada persona. A través de la afirmación "Yo soy Cristo", las personas se alinean con este poder, lo que les permite trascender las limitaciones humanas, remodelar su realidad y encarnar el potencial más elevado de su verdadera naturaleza divina.

-

EL PODER CREATIVO DE LA MENTE

Según el libro, El poder creativo de la mente es un tema central que destaca la profunda capacidad de la mente para dar forma y crear la realidad. El texto enfatiza que toda creación comienza dentro de la mente, a través del uso de facultades clave como la imaginación, la creencia y la fe. Estos procesos mentales se describen como las herramientas fundamentales para manifestar deseos y dar forma a las circunstancias externas de uno. El libro afirma que el mundo externo no es una entidad independiente, sino más bien un reflejo del estado interno del individuo. Por lo tanto, al cambiar los pensamientos, creencias e imágenes mentales, una persona puede alterar efectivamente su entorno externo.

El libro explica que la imaginación es la chispa inicial de la creación. Es a través de la imaginación que las personas pueden visualizar y experimentar los resultados deseados antes de que se conviertan en realidades físicas. La imaginación permite a las personas liberarse de las limitaciones del momento presente y explorar mentalmente posibilidades que aún no se han materializado. Este ensayo mental, cuando se acompaña de compromiso emocional y detalles vívidos, planta las semillas de la manifestación en la mente subconsciente.

Sin embargo, la imaginación por sí sola no es suficiente para la creación. Debe ir acompañada de la creencia. El texto subraya que la creencia es el mecanismo por el cual los deseos imaginados se aceptan como posibles y verdaderos. Lo que una persona realmente cree, ya sea a nivel consciente o subconsciente, se manifestará inevitablemente en su vida. El libro destaca la importancia de alinear las creencias de uno con sus deseos, ya que las creencias conflictivas, como la duda o el miedo, pueden bloquear el proceso creativo e impedir que se manifieste el resultado deseado. La creencia sirve como puente entre la imaginación y la realidad, asegurando que la imagen mental mantenida en la mente se convierta en una experiencia tangible.

La fe desempeña un papel complementario en este proceso creativo. La fe es la certeza de que lo que se imagina y se cree en la mente finalmente se hará realidad, incluso si no hay evidencia física inmediata. Permite al individuo confiar en las fuerzas invisibles de la mente subconsciente, sabiendo que el mundo externo se alineará con su visión interna con el tiempo. El libro subraya que la fe requiere persistencia y convicción, ya que sustenta la creencia en el resultado deseado a pesar de cualquier apariencia temporal de lo contrario.

El mensaje clave de El poder creativo de la mente es que el mundo exterior es un espejo del estado interior. Cada situación, circunstancia o condición en la vida de una persona es un reflejo directo de sus pensamientos y creencias dominantes. Si uno desea cambiar su realidad externa, el libro enseña que primero debe cambiar su diálogo interno, sus suposiciones y expectativas. Al hacerlo, la mente subconsciente, que es responsable de dar forma física a los pensamientos, comenzará a crear condiciones que coincidan con el nuevo estado mental.

El texto también señala que este poder creativo está siempre en acción, ya sea que las personas sean conscientes de ello o no. Muchas personas crean circunstancias indeseables en sus vidas sin saberlo porque no son conscientes de sus creencias negativas o limitantes. El libro anima a las personas a hacerse responsables de sus pensamientos y creencias, reconociendo que tienen el poder de dirigir el proceso creativo hacia resultados positivos y satisfactorios.

El poder creativo de la mente enseña que los individuos son los arquitectos de su propia realidad. Al aprovechar el poder de la imaginación, la creencia y la fe, pueden diseñar y manifestar conscientemente la vida que desean. El mundo externo, lejos de ser un conjunto fijo o aleatorio de condiciones, es fluido y responde al estado mental interno. Por lo tanto, la transformación personal comienza en el interior y, al cambiar los pensamientos, creencias y expectativas, uno puede remodelar toda su experiencia externa.

CONCLUSIÓN

Resumen De Los Principios Clave:
Plegaria: El Arte De Creer, Neville Goddard enseña que la imaginación, combinada con la fe, es una poderosa herramienta para manifestar los deseos. Mediante técnicas como asumir la sensación de un deseo ya cumplido, centrarse en las creencias subconscientes y dirigir el pensamiento con intención, las personas pueden influir en su realidad y alcanzar sus objetivos.

PLAN DE ACCIÓN PARA LA APLICACIÓN DIARIA

1. Establezca intenciones claras:
- Define exactamente lo que deseas. Escribe tus objetivos como si ya los hubieras logrado, en tiempo presente (por ejemplo, "estoy sano y me siento realizado").

2. Practica la imaginación controlada:
- Tómate un tiempo cada día para entrar en un estado de calma y concentración. Visualízate viviendo como si tu deseo ya se hubiera cumplido, experimentando plenamente las emociones asociadas con esta nueva realidad.

3. Cultivar creencias positivas:
- Reflexiona sobre las creencias limitantes y reemplázalas con afirmaciones que respalden tus objetivos. Goddard enfatiza el poder de las creencias subconscientes, por lo que debes afirmar estas nuevas creencias con regularidad para internalizarlas.

4. Participe en "conversaciones mentales" diarias:
- Imagina conversaciones en las que tus amigos o mentores te reconozcan tus metas alcanzadas. Escúchalos felicitándote, reforzando tu creencia en el resultado deseado.

5. Vivir en alineación:
- Actúa de manera que refleje tu estado deseado. Imita conductas, pensamientos y sentimientos que se alineen con la persona en la que deseas convertirte, reforzando la creencia en tu nueva realidad.

GLOSARIO DE CONCEPTOS CLAVE

1. Suposición:
- Creencia o sentimiento de que algo ya es cierto, aunque no se haya manifestado en la realidad. En las enseñanzas de Goddard, asumir un resultado deseado es fundamental para realizarlo.

2. Imaginación controlada:
- El uso enfocado de la imaginación para visualizar una realidad deseada como si ya existiera, reforzando la creencia en su eventual manifestación.

3. Fe:
- Una creencia profunda e inquebrantable en un resultado. Goddard subraya que la fe es esencial para transformar los deseos en realidad a través de la convicción mental.

4. Ley de reversibilidad:
- Principio según el cual los sentimientos y las emociones pueden moldear la realidad y viceversa. Por ejemplo, sentirse alegre ahora por un objetivo deseado puede acercar ese objetivo a la realidad.

5. Mente subconsciente:
- La parte más profunda de la conciencia donde se almacenan creencias, suposiciones y patrones. Este nivel de la mente es el responsable de moldear la realidad basándose en las creencias aceptadas.

6. Naturaleza dual de la conciencia:

   - La idea de que la conciencia se divide en la mente consciente (racional, consciente) y la mente subconsciente (poderosa, impulsada por las creencias). Juntas, crean la propia realidad.

7. Conversación mental:

   - Diálogos imaginarios con otros o con uno mismo que refuerzan la creencia en un resultado deseado, impactando en la mente subconsciente para apoyar la realización del objetivo.

8. Sensación del Deseo Cumplido:

   - Estado mental en el que la persona siente como si su deseo ya se hubiera cumplido, lo que alinea pensamientos y emociones con el resultado deseado.

9. Oración:

   - En este contexto, la oración es el arte de creer en el propio deseo como si ya se hubiera cumplido, en lugar de pedirlo como si estuviera lejano o fuera de nuestro alcance.

LECTURAS RECOMENDADAS

1. "El poder de tu mente subconsciente" de Joseph Murphy
- Este clásico explora la influencia del subconsciente en la vida cotidiana e incluye técnicas prácticas para aprovechar su poder para el éxito y el bienestar personal.

2. "Piense y hágase rico" de Napoleon Hill
- El libro de Hill se centra en los principios mentales y la persistencia necesarios para alcanzar objetivos financieros y personales, en sintonía con el énfasis de Goddard en la imaginación y la creencia.

3. "La ciencia de hacerse rico" de Wallace D. Wattles
- Este trabajo introduce "pensar de una determinada manera" para atraer riqueza, lo que se alinea con el concepto de creencia enfocada en lograr los resultados deseados.

4. "Tú eres el placebo" del Dr. Joe Dispenza
- Dispenza combina la neurociencia y la psicología para explicar cómo los pensamientos y las creencias pueden transformar los estados físicos y mentales, respaldando las ideas de Goddard con conocimientos científicos.

5. "Mindfulness en lenguaje sencillo" de Bhante Henepéla Gunaratana

- Este libro presenta la atención plena, una práctica que complementa la "imaginación controlada" de Goddard, ayudando a los lectores a desarrollar la concentración y la claridad mental.

6. "Psicocibernética" de Maxwell Maltz

- El libro de Maltz profundiza en la psicología de la autoimagen, mostrando cómo las imágenes mentales dan forma a nuestra realidad, un concepto que refuerza las enseñanzas de Goddard sobre la imaginación y la confianza en uno mismo.

CRONOLOGÍA DE LA VIDA DE NEVILLE GODDARD

1905:

- Neville Lancelot Goddard nació el 19 de febrero en St. Michael, Barbados, en el seno de una familia británica. Es el cuarto hijo de una familia de nueve varones y una niña.

1922:

- A los 17 años, Neville se muda a la ciudad de Nueva York para estudiar teatro. Trabaja como actor y bailarín en el escenario y en películas mudas, actuando en Broadway, en películas mudas y haciendo giras por Europa con una compañía de danza.

1923:

- Neville se casa brevemente con Mildred Mary Hughes. Tienen un hijo, Joseph Goddard, nacido en 1924.

1929:

- Neville marca este año como el inicio de su viaje místico. Recuerda una experiencia espiritual: "Fui llevado en espíritu al Consejo Divino donde los dioses conversan".

1931:

- Después de años de estudiar lo oculto, Neville conoce a su maestro Abdullah, un hombre negro con turbante y de ascendencia judía. Trabajan juntos durante cinco años en la ciudad de Nueva York.

1938:
- Neville comienza su propia carrera como docente y conferenciante, compartiendo sus conocimientos místicos.

1939:
- Neville publica su primer libro, A Tus Órdenes.

1940-1941:
- Neville conoce a su segunda esposa, Catherine Willa Van Schumus .

1941:
- Neville publica su segundo libro, Tu Fe es tu Fortuna.

1942:
- Neville se casa con Catherine y tienen una hija, Victoria, más tarde ese mismo año. También publica Libertad Para Todos: una aplicación práctica de la Biblia.

1942-1943:
- De noviembre a marzo, Neville sirve en el ejército y luego regresa a Greenwich Village, Nueva York. En 1943, aparece un perfil suyo en The New Yorker.

1944:
- Neville publica Sentir es el Secreto.

1945:

- Neville publica Plegaria: El Arte De Creer.

1946:

- Neville conoce al filósofo Israel Regardie , quien lo perfila en El romance de la metafísica. También publica un panfleto, La Búsqueda.

1948:

- Neville imparte sus famosas conferencias "Cinco Lecciones" en Los Ángeles, que luego se publican póstumamente como libro.

1949:

- Neville publica Fuera de este Mundo: Pensar en cuarta dimensión.

1952:

- Neville publica El Poder de la Conciencia.

1954:

- Neville publica Imaginación Despierta.

1955:

- Neville comienza a presentar programas de radio y televisión en Los Ángeles.

1956:

- Neville publica Semilla y cosecha: Una visión mística de las Escrituras.

1959:

- Neville experimenta un profundo evento místico, describiéndolo como un renacimiento de su propio cráneo, seguido de otras experiencias místicas.

1960:

- Neville lanza un álbum de palabra hablada.

1961:

- Neville publica La Ley y La Promesa. El capítulo final, "La Promesa", detalla la experiencia mística de 1959 y las experiencias posteriores.

1964:

- Neville publica el panfleto Rompe la Cáscara: Una Lección En Las Escrituras.

1966:

- Neville publica su último libro completo, Resurrección, que describe su visión mística y el potencial de la humanidad para realizar su naturaleza divina.

1972:

- Neville muere el 1 de octubre a los 67 años en West Hollywood, al parecer de un ataque cardíaco. Está enterrado en la parcela familiar en St. Michael, Barbados.

ACERCA DE LOS AUTORES

Neville Goddard
Fue un pensador místico profundo e influyente del siglo XX. Sus enseñanzas se centraban en el concepto radical y empoderador de que la imaginación humana es la verdadera manifestación de Dios. Creía que todo en la vida de una persona, ya sea positivo o negativo, es resultado de sus pensamientos, sentimientos y estados imaginativos.

La infancia de Neville estuvo marcada por su crianza en Barbados, donde nació en 1905 en una familia anglicana. A los 17 años, se mudó a la ciudad de Nueva York en 1922 para dedicarse al teatro. Aunque alcanzó el éxito como actor y bailarín, actuando en Broadway y en películas mudas, su vida dio un giro radical a principios de la década de 1930. Dejó atrás su carrera de actor para sumergirse en el estudio de la metafísica.

Bajo la influencia de su mentor, Abdullah, una misteriosa figura de ascendencia africana y judía, Neville comenzó a explorar principios espirituales profundos que combinaban el cristianismo con el misticismo. Se embarcó en una carrera como escritor y conferenciante, utilizando su carisma e intelecto para dar charlas impactantes en iglesias metafísicas, centros espirituales y lugares públicos. Sus enseñanzas se centraban especialmente en el poder del pensamiento y la imaginación como la fuerza creativa suprema.

A pesar de no alcanzar una fama generalizada durante su vida, la influencia de Neville ha crecido significativamente desde su muerte en 1972. Sus obras, en particular sus libros como Sentir Es El Secreto, El Poder De La Conciencia y La Ley y La Promesa, ahora se consideran precursores de las ideas modernas sobre la mecánica cuántica y el poder de la conciencia para dar forma a la realidad.

Las ideas de Neville también han inspirado a pensadores y autores espirituales contemporáneos, entre ellos Carlos Castaneda y Joseph Murphy, quienes desarrollaron temas similares en sus propias obras. Hoy en día, sus enseñanzas son ampliamente consideradas como atemporales y siguen atrayendo a un público cada vez mayor que busca aprovechar el potencial creativo de la mente.

Imaginatio Divina Editorial

Creemos que el poder de la creación reside en cada uno de nosotros. Inspirados por las profundas enseñanzas de Neville Goddard, promovemos la transformación de la vida a través del poder de la imaginación y la conciencia. Nuestra editorial se dedica a publicar obras que revelan la capacidad innata de los individuos para dar forma a su realidad a través del pensamiento consciente y la fe interior. Cada libro, cada palabra, tiene como objetivo guiar a los lectores hacia el descubrimiento de su naturaleza divina y su poder creativo, en línea con la filosofía de que "la imaginación es Dios en acción".